송영웅·박수진 지음

캔맥주 도감·에세이·페어링

캔맥주책

하늘 아래 같은 캔맥주는 없고,
당신에게 꼭 맞는 캔맥주는 존재한다.
아직 발견하지 못했을 뿐.

이 책은 당신이 운명 같은 캔맥주를
만나도록 도와줄 것이다.

송영웅·박수진 지음

캔맥주 도감 · 에세이 · 페어링

캔맥주책

책을 펴내며

캔맥주의자인 저는 세상이 빠르게 변하고 있다는 사실을 편의점 냉장고 속 캔맥주들의 변화로 체감한답니다. 불과 작년 여름까지만 해도 우리는 캔맥주 춘추전국시대에 살았습니다. 중세 유럽의 역사가 살아 숨 쉬는 그야말로 근본의 캔맥주들부터, 도대체 어디까지 가는 건가 싶은 유별난 캔맥주들까지. 참 많은 캔맥주들이 우리의 손에서 쉴 새 없이 거품을 내뿜어댔습니다. 요즘은 그 거품이 점차 걷히고 있어요. 소비자들의 취향은 다양해졌고, 그에 따라 맥주뿐만 아니라 더욱 다양한 선택지가 그곳에는 존재하게 됐죠. 저도 얼마 전에 캔하이볼을 마셨더라지 뭐예요. 하지만 저는 캔맥주의 시대가 저물고 있다고는 생각하지 않습니다. 오직 캔맥주만이 긁어줄 수 있는 아주 가렵고, 칼칼한 지점이 있으니까요. 수많은 술들 사이에서 캔맥주는 클래식으로서 앞으로 더욱 오랜 시간 동안 자리할 거예요.

물론 캔맥주뿐만 아니라 페트병 맥주, 병맥주, 생맥주, 정말 다양한 형태로 맥주를 즐길 수 있지만 그중에서도 캔맥주는 맥주의 가능성을 무한하게 넓혀주는 독보적인 장르입니다. 우리가 캔맥주와 함께 바다에서, 산에서, 공원에서, 방 한켠에서 쌓아온 추억은 캔맥주가 아니었다면 불가능했을 거예요. 먼 훗날 우주에 가게 된다면 우주에서도 즐길 수 있겠죠. 우주에 병따개와 잔을 들고 갈 필요도 없고, 생맥주 기계를 들고 갈 필요도 없을 테니까요. 그만큼 캔맥주는 가장 인간친화적인 술이라고 할 수 있겠습니다. 운전석을 제외한다면 어디서든 함께할 수 있고, 때로는 혼자서, 때로는 여럿이서 즐겨도 좋습니다. 심지어 함께 즐길 음식이 있어도 좋고, 없어도 좋습니다.

이 책은 우리에게 이토록 헌신적인 캔맥주를 향한 헌사일 수도 있겠습니다. 캔맥주는 오로지 인간만을 위해 오랜 시간 맛있는 변태를 거쳐왔고, 어떤 캔맥주는 당신을 위해 격변해온 것일지도 모릅니다.

편의점 냉장고 문을 열기 전에 캔맥주책의 표지를 먼저 열어주신 여러분, 가장 맛있는 캔맥주를 찾기보다 가장 취향에 맞는 캔맥주를 찾는다는 생각으로 이 책을 읽어주신다면 더할 나위 없이 감사하겠습니다. 하늘 아래 같은 캔맥주는 없고, 오직 당신을 위한 캔맥주는 존재하니까요. 저는 여러분들을 위해 불철주야 온종일 캔맥주를 마시고 기록했습니다. 저의 배가 볼록해진 것은 기분 탓일 테니 걱정하지 않으셔도 됩니다. 이 책이 저희의 개인적인 기록이 아닌, 당신과 당신의 운명적인 캔맥주를 만나게 해줄 연결고리가 되길 바랍니다.

2024년 7월1일
송영웅 씀

캔맥주의 역사와 기초지식

 # 캔맥주 에세이

🇱🇹 리투아니아

🇰🇷 한국

🔴 일본

🇨🇳 중국

04 캔맥주 페어링

캔맥주의

역사와

기초지식

캔맥주의 탄생과 성장

맥주는 언제부터 캔에 담겼을까?

작금의 우리에게 캔맥주는 너무나도 보편화되어, 익숙하다 못해 당연한 존재지만, 사실 맥주를 캔에 담는다는 것은 꽤나 고도의 기술이 필요한 영역이었다. 실제로 지금 우리가 마시고 있는 형태의 캔맥주가 완성되기까지는 도합 66년이라는 긴 시간이 소요되었으며 그 과정에는 기술적으로, 또 시대적으로 큰 걸림돌들이 존재했다. 현대의 캔맥주가 지금의 편의점 냉장고에 자리하기까지 어떤 과정을 겪어왔는지, 캔맥주의자라면 학습해놓을 필요가 있다.

- ## 1909년
  미국의 American Can Company에서 맥주를 처음으로 캔에 담으려는 시도가 있었지만 당시의 기술력으로는 살균 처리 과정에서의 압력을 캔이 견딜 수 없었고, 캔에 맥주가 닿으면 부식이 일어나 맛이 상하는 문제도 해결할 수 없었다.

- ## 1919년
  캔맥주 개발에 박차를 가하던 American Can Com

pany에게는 절망적인 상황이 도래했다. 미국이 1919년 10월 금주령을 제정하면서 그야말로 닭 쫓던 개가 지붕 쳐다보는 꼴이 되어버렸고, 캔맥주의 탄생은 다시 한번 미궁 속으로 빠지게 됐다.

 하지만 캔에 맥주만 담으라는 법 있으랴. 이 시기에는 맥주가 아닌 다른 것들이 캔에 담기기 시작했다. 1921년에는 플로리다 주에서 최초로 '캔 쥬스'가 유통되기 시작했으며, 1926년에는 캔에 담긴 통조림 햄, '스팸'이 탄생하면서 캔 패키징 기술은 점점 고도화되어갔다.

● 1933년

미국의 금주령이 해제된 1933년 American Can Company는 캔맥주 개발을 재개했다. 금주령 기간 동안 발전한 캔 패키징 기술에 힘입어 마침내 20세기 굴지의 발명품, 캔맥주가 탄생했다. 맛이 변하지도, 쉽게 터지지도 않는 맥주 캔을 개발한 American Can Company는 미국의 양조장 Krueger사와 제휴하여 비공개 사전 시식 평가를 진행했다. Krueger's Beer와 Krueger's Cream Ale 2,000캔을 Krueger 맥주 애호가에게 전달했고, 그 결과 91%가 캔맥주 판매에 긍정적 반응을 보였으며, 심지어 85%는 병맥주보다 생맥주스러운 맛이 난다고 답변했다.

• 1935년(1월)

1월 24일, Krueger사는 미국의 버지니아주 리치몬드에서 공식적으로 캔맥주 판매를 시작했고, 이는 *세계 최초의 캔맥주로 기록된다. Krueger 캔맥주의 성공을 본 경쟁사들은 덩달아 캔맥주를 출시하기 시작했다.

---

*세계 최초의 캔맥주(Krueger's Beer / Cream Ale)
도구를 이용해야 캔을 딸 수 있어 뒷면에 캔 오프너를 이용해 개봉하는 법이 표기되어 있었다.

(사진 = Krueger Beer / 비어인포)

• 1935년(9월)

Continental Can Company에서 병맥주에 사용되는 뚜껑을 활용하여 병맥주와 형태가 유사한 캔(*콘탑 캔)을 개발했고, 양조업자 schlitz가 콘탑 캔 캔맥주를 최초로 출시했다.

---

*콘탑 캔(Cone-Top Can)

(사진 = Cone-Top Can / 브루어리아나)

1935년(11월)

영국에서도 캔맥주를 도입하기 시작했다. 영국의 Felinfoel 양조장은 콘탑 캔을 사용하여 캔맥주를 판매했고, 이는 유럽 최초의 캔맥주로 기록되고 있다.

1939년

미국에서 생맥주가 병맥주와 캔맥주보다 많이 팔린 마지막 해이다. 1939년 이후부터는 병맥주와 캔맥주가 생맥주를 앞서기 시작했다.

1942년

제2차 세계 대전으로 철이 민간용으로 사용 불가해지면서 군용 캔맥주 제조만 허용되었고, 민간 판매용 캔맥주는 제조가 중단되었다. 민간 판매용 캔맥주는 5년 뒤인 1947년이 되어서야 제조가 재개되었다.

1958년

하와이에 위치한 Hawaii Brewing Company에서 최초로 철이 아닌, 부식에 강한 알루미늄 캔을 사용한 캔맥주를 출시했다.

● 1962년

미국의 Iron Brewing Company에서 새로운 방식의 *풀 탭 캔을 출시했다.

*풀 탭 캔(Pull Tab Can)
부착된 탭을 당겨서 따는 캔으로, 간편하게 딸 수 있지만 탭이 탈락되어 쓰레기 처리가 약간 번거로운 단점이 있었다.

(사진 = Pull Tab Can / 더브루앤해머)

● 1969년

미국에서 처음으로 캔맥주가 병맥주의 판매량을 앞질렀다.

● 1975년

미국의 Falls City Brewing에서 오늘날까지 사용되는 캔 오픈 방식인 *스테이 온 탭(Stay-On Tab) 스타일의 캔을 최초로 출시하였다. 이렇게 약 66년이라는 긴 시간에 걸쳐 캔맥주는 비로소 현재의 형태로 안정기에 접어들었지만, 이후에도 여전히 캔맥주의 변화는 멈추지 않았다. 마치 구석기와 신석기가 나뉘듯, 스테이 온 탭 스타일의 도입을 기점으로 캔맥주는 전혀 새로운 양상으로 발전하기 시작한다.

*스테이 온 탭 캔(Stay-on Tab Can)

이 시점까지는 캔맥주 음용 시의 불편함을 개선하여 물리적인 '편의성' 측면에서 발전이 이루어져 왔다면 이후부터는 맛, 풍미를 극대화하기 위한 '테이스팅'의 관점에서 발전되기 시작한다. 그것은 캔맥주와 생맥주 간의 맛의 격차를 좁히는, 캔맥주의 태생적인 한계를 극복하기 위한 진화의 개념으로 흐름이 변화하게 된 것이다.

● 1997년

아일랜드의 기네스는 1969년 캔 내부에서 '위젯'을 통해 질소 가스를 분출해 부드러운 거품을 만드는 기술을 특허를 내고, 긴 시간의 개발 과정을 거쳐 1997년에 현재와 같은 *플로팅 위젯이 들어간 기네스 캔을 출시했다. 이 기술로 기네스 생맥주에서만 느낄 수 있었던 크리미 헤드를 캔맥주로도 즐길 수 있게 됐다.

2012년까지는 병맥주에도 동일한 기술이 사용되었으나 이후에는 생산되지 않고 있어 현재는 기네스 캔맥주에서만 플로팅 위젯 기술이 적용된 '크리미 헤드 기네스'를 경험할 수 있다.

---

*플로팅 위젯(Floating Widget)

(사진 = 기네스 드래프트 플로팅 위젯 / 기네스)

● **2021년**

일본 아사히에서 자연적으로 맥주 거품이 발생하는 *풀 오픈 탭(Full Open Tab) 캔을 최초로 도입했다. 이 전에 도 상단부를 완전히 개봉하는 형태의 캔이 도입된 사례 는 있었지만, 자연적으로 거품이 발생하도록 만든 풀 오 픈 탭 '생맥주' 캔은 아사히에서 특허를 낸 기술이다.

캔 내부에 특별한 도료를 바르고, 접촉면을 미세한 요철 로 만들어 개봉 시 압력차로 인해 마치 생맥주 같은 거품 이 일어나게 하는 기술이다. 특허가 등록되어 있기 때문 에 전 세계 캔맥주에 도입될 수 있을지 여부는 지켜봐야 겠지만, 부드러운 거품으로 풍부한 마우스필을 만들어내

어디서든 생맥주(효모가 살아있다는 의미의 생맥주는 아니다.)를 마시는 듯한 기분을 낼 수 있게 되면서, 21세기에 캔맥주는 한 단계 더 진화를 맞이했다.

*풀 오픈 탭(Full Open Tab) 생맥주 캔

(사진 = 아사히 생맥주 캔 / 아사히)

캔맥주 5대 구성요소

1. 홉 🌿

유럽과 아시아 온대 지역에서 자라는 덩굴 식물이며, 이 식물에서 피는 솔방울 모양의 암꽃이 맥주 양조에 쓰인다. 맥주의 향과 맛을 결정하는 가장 큰 요소이며, 종류에 따라 과일, 꽃, 허브 등 가지각색의 향을 부여받는다. 또한 맥주의 부패를 방지하는 천연 방부제 역할도 한다.

2. 맥아 🌾

보리를 발아시킨 뒤 건조하거나 구우면 '건조맥아'가 되는데 맥주의 원료에서 '맥아'는 이 '건조맥아'를 가리킨다. 맥주는 건조맥아즙에 효모를 첨가해 발효시키며 만들어진다.

3. 효모 🍯

맥주의 발효에 쓰이는 미생물로 '라거 효모(하면 발효 효모)'는 상대적으로 저온의 발효 과정에 쓰이기 때문에 라거는 더욱 많은 기체(이산화탄소)를 머금을 수 있다. 그래서 라거가 에일에 비해 통상적으로 탄산이 풍부하다.

반대로 '에일 효모(상면 발효 효모)'는 상대적으로 고온 발효 과정에서 쓰기 좋은 효모로, 고온 발효의 특징은 위쪽(상면)에 이산화탄소 거품이 생성된다. 이 거품 안에 에일 효모가 배설하는 다양한 향을 가진 '에스테르'가 갇히게 된다. 그래서 라거와 다르게 에일은 이 에스테르의 종류에 따라 다양한 향을 가지게 된다.

4. 물 💧

물은 경수와 연수로 나뉘는데, 칼슘과 마그네슘이 많이 함유된 경수는 에일이나 스타우트 등 진한 맥주에 주로 쓰이며, 맛이 깔끔한 연수는 연한 색상과 깔끔한 맛이 특징인 라거에 주로 쓰인다.

5. 캔

맥주의 4대 구성요소에 구태여 '캔'을 더해 '캔맥주 5대 구성요소'를 정의한 이 책의 저자들은, 감히 맥주의 완성은 '캔'이라고 믿는다. 캔의 첫 번째 역할은 '신선도 유지'다. 캔 패키징은 산소와의 접촉을 100%에 가깝게 차단한다. 또 페트와 병에 비해서 빛이 투과되지 않아 맥주의 맛을 변형시키는 자외선과의 접촉도 없다. 캔이야말로 맥주를 가장 완벽하게 담아낼 수 있는 용기다.

두 번째 역할은 '편의성'이다.
병, 페트에 담긴 맥주와 캔맥주는 장르 자체가 다르다고 생각되는 대목이 이 부분이다. 캔맥주는 그 어떠한 상황에서도 우리를 거부하지 않는다. 병맥주와 달리 손가락만 있으면 어떤 상황에서도 쉽게 개봉 가능하고, 페트병 맥주와 달리 적당한 용량으로 어디서든 부담 없이 음용이 가능해, "맥주와 어울리는 장소가 어디야?"라고 물을 때 캔맥주만이 유일하게 "어디든!"이라고 대답할 수 있다.

마지막, 세 번째 역할은 '소리'다.
캔을 따는 소리를 듣는 것은 이 흥겨운 캔맥주 테이스팅의 가장 첫 번째 단계다. 따개를 들어 올릴 때 탄산이 조금씩 방출되며 발생하는 '치익...'하는 소리는 교감신경을 자극해 우리를 두근거리게 만든다. 이때부터 우리는 캔맥주를 음용할 준비 자세를 마쳐야 한다. 더 힘껏 따개를 들어 올리면 '땅!'하는 신호탄 같은 소리로 경주, 아니 음주의 시작을 경쾌하게 알려준다. 그 순간 우리는 모든 것을 내려놓고 한 캔의 음주에만 집중할 수 있게 된다.

저자는 이러한 사유들로, 캔맥주의 5대 구성요소 중 '캔'을 가장 중요한 요소로 꼽으며, 〈캔맥주책〉을 시작하고자 한다.

캔맥주 스타일 간략 정리

전 세계에는 100종류 이상의 맥주 스타일이 존재합니다. 지금부터 소개드릴 내용은 그중에서도
이 책에서 주로 언급되고, 맥주를 알아가고 친해지는데 가장 필수적인 맥주의 스타일입니다.

**Ale
에일**

**Pale Ale
페일 에일**

아이피에이
IPA

세션 아이피에이
Session IPA

아메리칸 페일 에일
American Pale Ale

**Wheat Ale
위트 에일**

윗 비어
Wit Bier

헤페 바이젠
Hefe Weizen

크리스탈 바이젠
Crystal Weizen

**Porter / Stout
포터 / 스타우트**

● **페일 에일**
Pale Ale

'밝은 색'의 에일이라는 뜻으로, 사용한 홉에 따라 허브향부터 열대과일의 향까지 다양한 향을 가지고 있으며, 쌉쌀한 홉의 맛이 강조되는 스타일의 맥주. 제조방식과 역사에 따라 아이피에이, 아메리칸 페일 에일 등으로 나뉜다.

● **아이피에이**
IPA

IPA는 India Pale Ale의 약자로, 19세기 영국의 식민지였던 인도에 주둔하고 있는 영국 군들에게 맥주를 배에 실어 전달하는데 소요되는 오랜 시간 동안 맥주가 상하지 않도록 방부제 역할을 할 수 있는 홉을 더욱 많이 첨가해 만든 데서 유래한 맥주. 홉의 향과 쌉쌀함이 일반 페일 에일에 비해 강한 특징을 보인다.

● **위트 에일**
Wheat Ale

'밀'이 들어가는 에일을 통칭하며 우리나라에서는 '밀맥주'로 불린다. 독일식의 '바이젠(바이스비어)'은 효모를 거르지 않은 '헤페(효모) 바이젠'과 효모가 여과된 '크리스탈 바이젠'이 있으며 벨기에식의 '윗 비어'는 보리와 밀 외에도 '고수 씨앗'과 '오렌지껍질'이 들어가는 것이 특징이다.

● **포터 / 스타우트**
Porter / Stout

1700년대 산업혁명 당시 영국에서 짐꾼(Porter)들에게 빠르게 맥주를 공급하기 위해 맥아를 껍질 채 볶아 양조한 흑맥주가 '포터'의 유래이며, 추후 아일랜드에서 더 강한(Stout) 포터라는 뜻의 '스타우트 포터'가 만들어지기 시작했고, 시간이 지난 뒤 포터가 생략되면서 지금의 '스타우트'가 유래되었다.

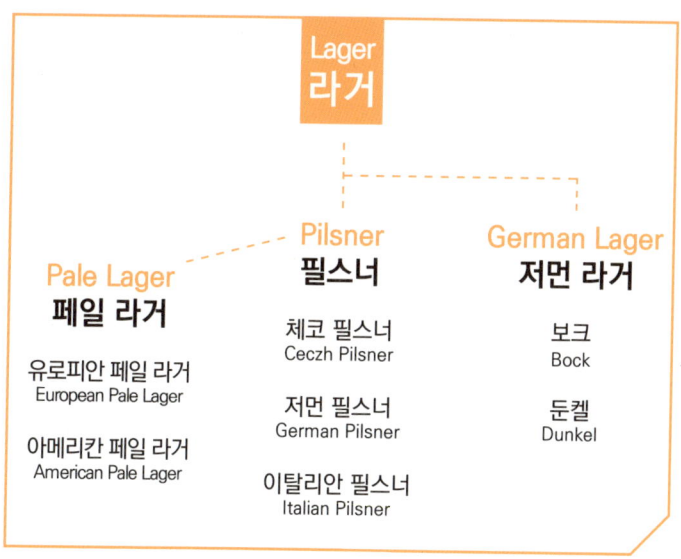

Lager
라거

Pale Lager
페일 라거

유로피안 페일 라거
European Pale Lager

아메리칸 페일 라거
American Pale Lager

Pilsner
필스너

체코 필스너
Ceczh Pilsner

저먼 필스너
German Pilsner

이탈리안 필스너
Italian Pilsner

German Lager
저먼 라거

보크
Bock

둔켈
Dunkel

● **필스너**
Pilsner

세계 최초의 투명한 황금빛 라거, 페일 라거의 시초다. 체코의 플젠(pilsen) 지역
에서 기원한 맥주로, 주로 *올드월드홉을 사용해 허브향과 홉의 쌉쌀한 맛이 특징
인 맥주. 원료 및 제조방식에 따라 체코, 저먼, 이탈리안 필스너 등으로 분류된다.

● **페일 라거**
Pale Lager

'밝은 색'의 라거라는 뜻으로, 유럽의 맥아와 홉을 사용해 만든 '유로피안 페일 라
거'와, 쌀이나 옥수수, 전분 등의 부가물이 첨가된 '아메리칸 페일 라거'가 있다.

● **보크**
Bock

저먼 라거에 속하며, 맥아의 함량이 일반 맥주 대비 높아 색이 짙고 맥아의 단
맛이 강하다. 발효될 맥아가 많은 만큼, 도수가 6~9도로 높게 형성되는 것이 특
징이다.

● **둔켈**
Dunkel

독일어로 '다크(Dark)'를 뜻하는 '둔켈(Dunkel)'은, 저먼 라거에 속하는 흑맥주
이며, 로스팅한 맥아의 달달함과 카라멜향이 특징이다.

*올드월드홉과 뉴월드홉

전통적인 유럽(체코, 독일, 영국 등)에서 생산되는 올드월드홉은 주로 허브, 흙
내음, 나무, 꽃 등의 Earthy한 향이 특징인 노블홉으로 대표된다. 비교적 최근
에 쓰이기 시작한 미국, 뉴질랜드, 호주 등에서 생산되는 뉴월드홉은 주로 열대
과일, 시트러스, 소나무, 화사한 꽃향 등 올드월드홉에 비해 개성이 강하다.

02

캔맥주

에세이

호가든

Hoegaarden

- ◆ 벨기에 Belgium
- ◆ 호가든 양조장 Hoegaarden Brewery
- ◆ 윗 비어 Wit Bier

THE ORIGINAL BELGIAN WHEAT BEER

Hoegaarden

Witbier

WHEAT BEER
BREWED WITH

Coriander Seed
&
Curaçao
Orange Peel

BIÈRE
BLANCHE

NATURALLY CLOUDY

4.9%
Alc/Vol
—
500ml
호가든 맥주

제1캔.

호가든 양조장(벨기에)

호가든

스타일.

Alc. 알콜	IBU. 쓴맛
4.9%	15

윗 비어(Wit Bier)

제품명:호가든 식품유형:맥주 원료명:정제수,맥아, 밀,호프펠렛,효모,건조오렌지껍질,고수씨앗,사과펙틴, 산도조절제 3종,영양강화제 3종,효소제,이산화탄소

용량 : 500ml

바디감.

● ● ● ● ○

탄산감.

● ● ○ ○ ○

맛과 향.

Sweet	Bitter	Floral	Fruity	Nutty
달큰한	쌉쌀한	향긋한	상큼한	고소한

맥주관적인 기록.

부드러운 목넘김 뒤로 향긋한 아로마가 입안을 가득 채운다.

블랑이나 에델바이스 같은 다른 윗 비어의 향은 분명 '꽃향기'에 가까운, 말 그대로의 '플로럴' 한 향이라면 호가든의 향은 호가든의 캔 외관에 그려진 풀잎처럼, 풀에 가까운 향이 난다.

거기에 마시는 순간 오렌지, 시트러스 향이 더해져 마치 오렌지 과수원 한가운데 와있는 것 같은 기분이 든다. 마지막으로 콧김을 내뿜을 때 느껴지는 바닐라, 정향의 피니시로 벨기에식 윗 비어의 전형을 경험할 수 있다.

Hoegaarden
'구름을 마실 수 있는 맥주'

첫 주종목은 캔맥주였다

스무 살의 내가 술을 좋아했던 건 술이 함께할 때만 느껴지는, 그전엔 경험하지 못했던 감정 때문이었다. 상기된 분위기, 수많은 건배 속에서 피어나는 소속감. 그렇게 여느 대학생들이 그러하듯 술을 '맛'보다는 '기분'으로만 마셨던 스무 살, 선배들이 사주던 술자리에서 벗어나 스스로 주(酒)종목을 골라야 하는 순간은 생각보다 빨리 찾아왔다. 동기들과 인생 첫 한강을 방문하던 날에 나는 인생 처음 내 손으로 캔맥주를 골랐다. 그렇게 고른 나의 캔맥주 첫 경험은 호가든이었다. 무슨 바람이 들었는지 대학교 술자리에서 보이는 뻔한 맥주 말고, 새로운 맥주를 고르고 싶었나 보다. 호가든은 편의점 냉장고 한구석에 자리해 있었지만 어딘가 신비로운 이름과 디자인에, 손이 저절로 호가든으로 향할 수밖에 없었다. 그때까지만 해도 내가 고른 이 맥주가 내가 마실 인생 첫 번째 밀맥주일 것이라고는 상상도 하지 못했다. 밀맥주의 존재조차도 몰랐던 그 시절, 처음 맛본 밀맥주는 충격적이었다. 목넘김 끄트머리에 풍겨오는 '치과 향'에 저절로 인상이 찌푸려졌다. 그런데 요상하게도 몇 모금 마시다 보니 그 향긋한 치과 향이 매력적으로 느껴졌다. 민트, 오이, 고수 등 호불호가 갈린다는 향은 전부 '호'인 나의 특이 취향이 어디 안 가는 걸까? 이 호가든만의 향이 갈수록 더 좋아졌다. 그때부터 나의 20살은 기분으로 마시는 '술'과, 맛으로 마시는 '호가든'으로 나뉘게 되었다. 나뿐만 아니라 많은 사람들이 밀맥주에서 느낀다는 이 '치과 향'의 정체는 밀맥주 양조에 쓰이는 효모에서 발생하는 '정향'이라는 것을 오랜 시간이 지나서야 알게 됐다. 정향을 묘사하기는 힘들지만 바닐라향에 가까우면서 동시에 치과 향처럼 코를 찌른다. 굳이 표현하자면 바닐라 치과 향(?)이라고나 할까. 마셔보면 왜 치과 향이라고하는지도, 왜 바닐라향이라고 하는지도 알 것 같은 그런 오묘한 향이다. 이렇게 얼렁뚱땅 만나게 된 나의 운명 같았던 첫 주종목을 시작으로, 캔맥주와의 인연은 시작되었다.

'고수'가 들어간다구요?

물론 호가든에는 정향만 감지되는 것은 아니다. 호가든은 싱그러운 풀향으로 시작해 정향, 바닐라향으로 피니시 된다면 그 사이 목넘김에는 씨트러스한 오렌지의 풍미를 느낄 수 있다. 이 맥주에 들어가는 다채로운 원료들을 보면, 그 복잡한 향들이 이해가 간다. 호가든은 벨기에 출신 밀맥주로, 오렌지 껍질과 고수 씨앗이 들어간다. 고수 씨앗이 들어간다는 점에서 으레 겁을 먹을 수 있는데, 사실 벨기에식 밀맥주에는 흔히 사용되는 향신료다. 겁먹지 않아도 된다. '코리앤더'라고도 부르는 이 '고수 씨앗'은 우리가 아는 그 고수와 다르게 은은한 레몬 향이 특징이다. 캔맥주의 성분표에 이 '고수 씨앗(코리앤더)'이 들어간다면 그것은 벨기에식 밀맥주일 확률이 매우, 아주, 많이 높다. 그러니 만약 편의점 냉장고에서 벨기에식 밀맥주를 찾고 싶다면 성분표의 고수 씨앗을 확인해 보면 된다.

신성한 맥주

아무것도 모르던 나의 20살, 편의점의 수많은 맥주들 중 나도 모르게 호가든을 선택하게 한 그 신비로운 디자인에는 벨기에 밀맥주의 신성한 이야기가 숨어있다. 캔의 상단에는 오렌지 열매 그림 밑으로 막대기 모양의 문양 2개가 그려져 있는데, 그중 왼쪽 지팡이는 벨기에의 가톨릭 수도원에서 맥주를 양조할 때 맥즙을 젓기 위해 사용하던 매쉬 패들이다. 이는 중세 시대 벨기에의 작은 마을, '호가든'에서 맥주를 양조하던 50명 즈음 되던 양조사들을 상징한다.

오른쪽 지팡이는 벨기에의 가톨릭 사제이자 대주교의 지팡이다. 당시 벨기에 리에주 지역의 대주교가 밀 농업의 활성화를 위해 밀에 대한 세금을 받지 않고 호가든 밀맥주를 양조할 수 있도록 해, 지금의 호가든이 있을 수 있었다고 한다.

왼쪽과 오른쪽 두 지팡이 모두 공통적으로 '종교'와 관련이 깊다는 것을 알 수 있다. 금욕의 상징으로 여겨지는 종교와, 유흥을 상징하는 술의 조합이 주는 아이러니에는 두 가지 설이 있다. 첫 번째로, 중세 시대 유럽에서는 수질이 깨끗하지 않아 오염된 물로 인해 많은 사람들이 목숨을 잃었다. 그래서 맥주나 와인을 양조해, 정제된 술을 물 대용으로 마시곤 했다는 거다. 즉, 가톨릭 수도원의 맥주는 중세 시대 사람들에겐 '안전성'이 입증된 생명의 물이었다는 것이다.

두 번째 설은 수도승들이 금식 수행 기간이나 무더운 날의 노동 이후에 칼로리(물에는 없는)가 풍부한 맥주로 영양을 보충했다는 이야기다. 우리나라 농부들에게 '새참'이었던 막걸리와 비슷하게, 갈증과 칼로리를 동시에 해결해 주는 곡주(穀酒)의 기능을 당시의 수도승들에게는 맥주가 해주었던 것이다.

가끔 맥주를 많이 마시던 수도승들은 경고를 받기도 했다고.

중세 시대 유럽에서 종교와 술에는 이렇게 의외로 밀접한 관련이 있었다. 심지어 벨기에는 '트라피스트 에일(Trappist ale)'이라 칭하는 수도원에서 직접 만들어지는 수도원 맥주도 여전히 존재하며, 호가든처럼 기원은 수도원에 있지만 실제 양조는 기업의 양조장에서 진행되는 맥주를 '에비 에일(Abbey ale)'이라 칭하고 있다.

호가든의 날씨는 Naturally Cloudy

호가든의 캔에 그려진 다양한 요소들 중에서 흥미로웠던 것 중 하나는 하단에 적힌 'Naturally Cloudy'라는 문구였다. 직역하자면 '자연스럽게 흐림'. 사실 '맥린이' 시절에는 맥주캔에 뜬금없이 적혀있는 일기예보가 갸우뚱스럽기도 했다.

밀맥주는 통상 일반 맥주보다 탁한 특성이 있는데 Cloudy는 맥주의 그런 탁성을 표현할 때 쓰이는 단어 중 하나다. 호가든은 겉은 화려하지만 속에는 그렇게 흐리고 부연 구름이 끼어있다.

그러니 기분에 구름이 잔뜩 낀 날에는, 집 앞 편의점에 들러서 Naturally Cloudy한 호가든 한 캔을 꿀꺽 마셔보자. 몽글몽글한 구름들이 목을 타고 부드럽게 사라지면서 내 기분도 화창한 한낮처럼 개운해질 테니 말이다.

에스트렐라 담

Estrella Damm

- ◆ 스페인 Spain
- ◆ 담 브루어리 DAMM Brewery
- ◆ 페일 라거 Pale Lager

100% NATURAL INGREDIENTS
BARLEY FROM LOCAL FARMERS MALTED BY DAMM
WITH MEDITERRANEAN RICE
PREMIADA
BRUSSELS 2018
CERVEZA MEDITERRANEA
DE MALTA Y ARROZ
18 76
1876
ESTRELLA
DAMM
1876
100% INGREDIENTES NATURALES
BARCELONA
1876
AUGUST KUENTZMANN DAMM

제2캔.

담 브루어리(스페인)

에스트렐라 담

Alc. 알콜	**IBU.** 쓴맛
4.6%	**26**

스타일.

페일 라거(Pale Lager)

제품명 : 에스트렐라 담 식품유형 : 맥주 원료명 : 정제수,
보리맥아, 옥수수, 쌀, 홉

용량 : 500ml

바디감.

● ◐ ○ ○ ○

탄산감.

● ● ● ● ○

맛과 향.

Sweet 달큰한	**Bitter** 쌉쌀한	**Floral** 향긋한	**Fruity** 상큼한	**Nutty** 고소한

맥주관적인 기록.

가볍고 깔끔한 청량감 뒤로 곡물의 달큰함이 차분히 올라온다. 강렬한 외관만 보고 홉의 풍미
가 강하게 느껴지는 개성 있는 맥주를 기대했다면 다소 실망할 수도 있지만, 스페인의 작열하
는 태양 아래서, 에스트렐라 담의 가벼운 시원함과 그 끝의 달콤함은 그 어떤 개성 강한 맥주보
다도 강한 힘을 가지고 있다.

Estrella Damm
갈증을 날려보내는 한방의 가벼움, 에스트렐라 담

별맥의 낭만

캔맥주를 마시는 가장 낭만적인 방식은 역시 '노상' 아닐까? 캔맥주만큼 노상에 최적인 술도 없다. 편의점 앞 펼쳐진 파라솔 아래에서 마시는, 갓 꺼낸 시원한 한 캔. 캔맥주는 마시는 곳이 어디든 그곳의 공기를 특별하게 만들어준다.

가장 기억에 남는 캔맥 노상지를 꼽자면, 충북 제천에 위치한 한 대학교 운동장이다. 제천 국제 음악 영화제에 스텝으로 참여했을 때, 에스트렐라 담이 후원사로 참여한 덕에 일이 끝나고 나면 남은 맥주를 운동장에 앉아 실컷 마실 수 있었다. 산골짜기답게 무수히 쏟아지는 별, 그리고 그 별과 함께 마시던 시원한 에스트렐라 담 한 캔. 캔에 그려진 커다란 별이, 그 날의 '별맥'을 더욱 낭만스럽게 만들어주었다. '에스트렐라 담'이라는 이름부터 별을 담고 있다고 하는데, 스페인에서 건너온 별맥주 에스트렐라 담을 더 자세히 알아보자.

지중해식 맥주

'에스트렐라 담'은 스페인의 바르셀로나 지역에서 양조되는 맥주로 스페인에서 가장 오래된 역사를 가지고 있다. 우리나라 편의점에서는 간간히 보일 정도로 아직 대중화된 맥주는 아니지만, World Beer Champion Ship에서 무려 두 번의 금메달을 수상했고, 세계 최고 중 하나로 평가받는 스페인의 프로 축구팀 FC바르셀로나를 공식 후원할 정도로 이름값있는 맥주다.

에스트렐라 담의 '에스트렐라(ESTRELLA)'는 스페인어로 '별'을 의미하고, '담(DAMM)'은 에스트렐라 담의 양조장 이름인 'S.A. DAMM'에서 따온 것이다. 에스트렐라 담은 스페인스러운 강렬한 빨간색 배경에 금색 별이 박혀 있는데, 그 별을 둥글게 둘러싸고 있는 문구 'Cerveza Mediterranea'는 '지중해식 맥주'라는 뜻이다. 공식 홈페이지의 설명을 빌려 덧붙이자면 '지중해 기후에 적합한 맥주'라고 한다. 가본 적도 없는 지중해지만, 에스트렐라 담을 마셔보면 왜 지중해 기후에 적합한 맥주라고 하는지 알 것만 같다.

"지중해, 정말 더운 곳이구나"

라거를 위한 도시

지중해와 맞닿아 있는 스페인은 다른 유럽 국가에 비해 덥고 건조한 날씨를 보인다. S.A DAMM 양조장의 창립자인 '오귀스트 쿠엔츠만 담'은 프랑스 출신으로, 고향보다 더운 스페인에서는 시원하고 가볍게 마실 수 있는 맥주가 적합하다고 판단했다. 그래서 탄생한 것이 청량하면서도 가벼운 목 넘김을 겸비해 타는 듯한 갈증을 한 방에 날려 보내는 '지중해에 적합한 맥주', 에스트렐라 담이다.

이 깔끔하고 시원한 한방으로 에스트렐라 담은 스페인 최고의 국민 맥주로 자리 잡았다. 스페인에서 가장 오래된 맥주인 에스트렐라 담은 스페인의 '최초'를 넘어 125년이 지난 지금 당당히 '최고'를 차지하고 있다.

일 년 내내 비도 잘 오지 않고, 태양이 작열한다는 스페인의 바르셀로나,.이보다 더 라거를 마시기 좋은 도시가 있을까? 밤에는 지중해에 비친 별을 보며, 낮에는 뜨겁게 작열하는 스페인의 태양 아래서 에스트렐라 담 한 캔 마실 수 있는 스페인으로 떠나고 싶다.

물론 나에게 에스트렐라 담은, 별과 함께했던 기억 때문인지 스페인의 지중해보다도 '별'이 가장 먼저 떠오르는 맥주다. 매년 한두 번씩 밤 하늘을 수놓는 유성우 쇼가 펼쳐진다는 뉴스를 꼭 접하곤 하는데, 잊지 말자. 진정한 캔맥주의자가 다가올 유성우 쇼를 위해 가장 먼저 하는 일은 별맥을 위한 캔맥주를 고르는 것임을.

삿포로

Sapporo

- ◆ 일본 Japan
- ◆ 삿포로 브루어리 Sapporo Breweries LTD
- ◆ 페일 라거 Pale Lager

SINCE 1876

SAPPORO

PREMIUM BEER

DISCOVER THE PERFECTLY BALANCED TASTE THAT'S IRRESISTIBLE
TO ALL, AS YOU SHARE RICH MOMENTS WITH THIS
MASTERPIECE OF THE BREWER'S ART

IMPORTED

500 ml. 5.0 % ALC /VOL.

제3캔.

삿포로 브루어리(일본)

삿포로

Alc. 알콜	IBU. 쓴맛
5.0%	18

스타일.

페일 라거(Pale Lager)

제품명:삿포로 프리미엄 생맥주 식품유형:맥주
원료명:정제수,맥아,홉,쌀,옥수수,전분

용량 : 500ml

바디감.

● ◐ ○ ○ ○

탄산감.

● ● ● ◐ ○

맛과 향.

Sweet	Bitter	Floral	Fruity	Nutty
달큰한	쌉쌀한	향긋한	상큼한	고소한

맥주관적인 기록.

구수한 보리의 풍미가 목을 타고 부드럽게 넘어간다. 탄산감은 적당해 목넘김을 더욱 부드럽게
만든다. 끝 맛은 옅은 쌉쌀함으로 마무리되어 깔끔한 피니시를 선사한다.

특별히 강렬한 향 없이 밸런스가 좋은 맥주로 평가받고 있다. 가볍게 마시기도, 여러 안주를 곁
들여 마시기에도 적합한 맥주로, 편의점 어떤 안주를 골라도 궁합이 좋은 편이다. 특히 일본 편
의점에 방문할 기회가 있다면 삿포로는 필수 선택지!

Sapporo
금빛 보리밭 위에 쌓인 흰 눈, 삿포로

여행 필수 어휘

맥주를 좋아하는 사람이라면, 여행지에서도 어김없이 맥주를, 특히 그 지역의 맥주를 찾게 된다. 이 책을 위한 과거의 내 선견지명인지 성인이 된 후 떠난 첫 여행지는 일본의 홋카이도에 위치한 '삿포로'였다.

대학교 졸업을 한 학기 남겨두고 취직 준비로 어지럽던 그때, 함께 떠나자는 친구의 성화에 못 이겨 덜컥 비행기표를 예약했다. 처음인 나와 달리 이미 한 번의 삿포로 경험이 있던 친구는 삿포로에서는 다른 거 필요 없고 이거 하나만 기억하면 된다며 내게 단어 하나를 가르쳐 줬는데, 그게 '나마비루'였다. 나마비루가 일본어로 '생맥주'를 뜻한다는 것을 알았을 때 '아, 이 친구와 오래가겠구나' 싶었다. 여행에서 가장 필요한 단어가 '감사합니다', '죄송합니다', '화

45

장실 어디예요?'도 아닌 '생맥주'라니!

그리고 그 터무니없는 조언은 꽤 유용했다. 아시아의 '거울왕국'이라는 별명을 가지고 있을 만큼 설경으로 유명한 삿포로는 비에이 투어, 오타루 마을, 온천이나 야경 등 즐길 거리도 볼거리도 많은 곳인데, 그 모든 여정에서 삿포로 나마비루가 빠지는 날이 없었으니 말이다.

눈 쌓인 맥주 마시기

삿포로 캔맥주만 있으면 그곳에 가지 않고도 한겨울의 눈 쌓인 삿포로에 온 기분을 낼 수 있다. 설경으로 유명한 삿포로 지역의 아이덴티티가 담긴 삿포로 캔맥주만의 음용 방식이 있는데, 이를 *스노우 헤드라고 부른다. 잘 따르면 황금빛 맥주 위로 포슬포슬한 흰 거품이 소복이 쌓이는데, 이 모습이 마치 삿포로의 흰 눈 쌓인 금빛 보리밭을 보는 것만 같다. 스노우 헤드는 삿포로 맥주만의 탄탄하고 쫀득한 탄산 거품으로, 맥주잔을 요리조리 기울여도 흘러내리지 않는 것이 특징이다. 겉보기에 훨씬 더 맛있어 보이는 효과도 있지만, 형태는 기능을 따른다고, 상면의 거품이 맥주가 산소와 닿는 시간을 줄여 주어 마지막 한 모금까지 최선의 맛을 유지하는 기능적인 역할도 하게 된다.

캔의 역할

삿포로 여행을 다녀온 뒤 몇 달간은 편의점에서 삿포로 맥주를 골랐던 기억이 난다. 캔맥주의 매력 중 하나가 아닌가 싶다. 캔에는 맥주뿐만 아니라 감정과 기억이 담기게 된다는 것 말이다. 캔맥주는 캔에 담긴 그대로 마시는 것이 정석이라고 생각하는 '캔맥주의자'이지만, 삿포로만큼은 한 번씩 캔에 담긴 그때의 기억을 잔에 따라 눈 덮인 삿포로를 입에 대보곤 한다.

가장 기본을 지킨다는 것

삿포로는 일본인이 만든 일본 최초의 맥주로, 독일에서 10년간 맥주 제조를 배운 청년 나카가와 세이베가 '개척사 맥주 양조장'과 손잡고 만든 맥주다. 개척사 맥주 양조장 역시 일본 최초의 맥주 양조장이며 원래 도쿄에 건설할 예정이었으나 나카가와 사이베의 조언에 따라 맥주의 주재료인 보리와 홉이 자라기 적합한 기후이면서 동시에 저온발효를 위한 얼음을 찾기 알맞은 삿포로에 짓게 된다. 처음부터 이렇게 원료에 진심이었던 삿포로 맥주는 지금도 세계 유일하게 100% 협동 계약 재배를 통해 전 세계 약 2,300개 농가에서 그 해 가장 좋은 수확물로 맥주를 만든다고 한다. 캔에 그려진 월계관 모양의 풀은 다름 아닌 보리와 홉으로, 원료에 대한 삿포로의 진심은 캔 외관에도 드러나 있었다.

작금에는 각양각색의 개성을 가진 맥주들이 서로 앞다투어 출시되고 있고, 이제는 맥주를 만들 때 새로운 맛을 내기 위해 정말 다양한 원료를 사용한다. 그 가운데서 삿포로는 여전히 가장 기본적인 재료로 기본적인 맛을 담아내고 있지만, 그 기본을 변치 않는 방식으로 오랜 시간 유지하고 있다는 것만으로도 충분히 가치를 인정받을만하다.

기네스 드래프트

Guinness
Draught

- ◆ 아일랜드 Island
- ◆ 세인트 제임스 게이트 브루어리 St. James's Gate Brewery
- ◆ 스타우트 Stout

제4캔.

세인트 제임스 게이트 양조장(아일랜드)

기네스 드래프트

	Alc. 알콜	IBU. 쓴맛
	4.2%	45

스타일.   스타우트(Stout)

제품명:기네스 드래프트 식품유형:맥주 원료명:정제
수,맥아,보리,볶은보리,호프,효모,질소,탄산 가스

용량 : 500ml

바디감.

● ● ● ● ◐

탄산감.

● ◐ ○ ○ ○

맛과 향.

Sweet 달큰한	Bitter 쌉쌀한	Floral 향긋한	Fruity 상큼한	Nutty 고소한

맥주관적인 기록.

코젤다크와 함께 흑맥주 양대 산맥인 기네스! 코젤다크는 캐주얼하고 험블한 느낌이라면, 기
네스는 중후한 신사의 향이 짙게 배어 있다. 첫 모금 마시는 순간 부드러움 속에 고소함이 밀려
들어오고, 스타우트답게 적당한 쓴맛도 느껴진다. 그럼에도 피니시는 달큰함이 느껴져, 마치
'카카오 초콜릿' 같은 느낌을 풍긴다. 특유의 질소 거품이 너무도 포근하고 부드러운 기네스, 눈
내리는 겨울밤이면 어김없이 생각날 맥주다.

Guinness Draught
'킹스맨이 선택한 맥주, 기네스'

흑맥주의 서막

계절이 가까워지고 있음을 감각하게 되는 순간이 있다. 맥주의 계절을 굳이 따져본다면 여름이 아닐까 싶은데, 한 차례 맥주의 계절이 가고 공기가 차가워진다는 건, 흑맥주의 계절이 조금씩 다가오고 있다는 뜻이다.

흑맥주는 추운 겨울을 포근한 거품과 달콤한 향으로 덮어준다. 그러니 겨울이 오기 전에, 흑맥주와 미리 가까워져둘 필요가 있다. 흑맥주는 맥주의 원료인 맥아를 까맣게 태워 어두운 빛깔로 뽑아낸 맥주로, 검은색 외관의 맥주를 통칭한다. 보통의 노란 빛깔을 띠는 맥주와 동일하게 발효 방식과 쓰이는 효모에 따라 라거가 될 수도, 에일이 될 수도 있다. 말 그대로 단순 '색'으로만 분류된 명칭이기 때문에 흑맥주라는 단어를 정식 명칭이라고 하기보다는 소비자들을 위한 직관적인 명칭이라고 보기도 한다.

흑맥주를 조금 더 자세히 들여다보자면 대표적인 종류로 포터, 스타우트, 둔켈, 다크 라거 등이 있다.

포터와 스타우트는 보리를 껍질째 태워 만드는 맥주로, 에일에 해당한다. 쓴맛을 베이스로 하며 대표적인 맥주가 기네스다. 둔켈과 다크 라거는 보리 껍질을 벗긴 후 태워 쓴맛이 덜하게 만든 맥주로, 라거에 해당한다. 달큰한 맛을 베이스로 하며 대표 맥주로는 코젤 다크를 떠올릴 수 있다.

흑맥주의 시작은 포터였다. 1730년대 산업혁명 시대의 영국에서 탄생한 포터는 보리를 껍질째 볶아 쉽고 빠르게 만들 수 있는 맥주로, 빠르게 마시고 다시 일을 가야만 했던 짐꾼들을 위한 맥주였다. 그로 인해 붙여진 이름이 Porter(짐꾼)다. 그러다 포터의 인기가 짐꾼들뿐만 아니라 대중적으로 높아지기 시작하자 영국의 양조장들은 흑맥주를 다시 보기 시작했고, 그러다 아일랜드에서 그 풍미를 극대화해 만든 것이 '스타우트 포터'다.

스타우트 포터는 원래 도수가 더 높은 포터를 뜻하는데, 아일랜드에서 점차 '스타우트'라는 명칭으로 축약되었고, 포터와의 차별점이었던 높은 도수도 대중성에 맞춰 서서히 낮아지면서 사실상 포터와 스타우트를 구별하기 어려워졌다.

시작은 포터가 빨랐으나, 스타우트는 빠른 속도로 성장했고 인지도에서 포터를 앞서기 시작했다. 그리고 그 스타우트의 인지도에 가장 크게 기여한 맥주가 바로 기네스다.

흑맥주들의 흑맥주, 기네스

기네스는 1759년, 창립자인 아서 기네스가 아일랜드 더블린의 한 부둣가에 버려져 있던 양조장을 사들이며 시작된다. 기네스는 그 명성만큼이나 양조장 계약부터 남다른데, 당시 계약금 100파운드에 무려 9000년의 임차를 계약했다고 한다. 90년, 900년도 아니고 9000년이라니. 지금으로부터 9천 년 전이 대략 신석기시대쯤이라는 것을 생각해보면, 일단 얼마간 재계약 걱정은 하지 않아도 될 것 같다. 그후 영국에 수출을 시작하며 본격적으로 명성을 얻기 시작했고, 맥주의 품질을 높이기 위해 업계 최초로 수학자를 고용하는 등의 다양한 노력으로 진화를 거듭한 기네스는 맥주 업계에서 대체 불가한 새로운 장르로 자리 잡기 시작했다.

신사의 맥주

기네스는 캔에서부터 영국의 신사를 떠올리게 하는 중후한 멋이 느껴지는데, 검은색 배경에 금색의 포인트가 고급스러운 분위기를 물씬 풍기기 때문이다. 영국의 신사를 모티브로 한 영화 〈킹스맨〉에서도 기네스는 꽤 비중 있게 출연하기도 했다. 누구나 한 번쯤은 따라 해본 〈킹스맨〉의 명대사 "Manners Maketh Man."을 외치는 그 펍에서 콜린 퍼스가 마시던 흑맥주가 기네스다. 기네스는 그 외에도 미드 〈프렌즈〉나 영화 〈레전드〉 등 특유의 신사적인 분위기가 필요한 장면이나 콘텐츠들에서 단골로 출연하곤 한다.

기네스와 하프

금색의 포인트 색상으로 그려진 기네스의 심볼 하프는 8세기부터 사용된 아일랜드의 전통적인 악기인 '켈틱 하프(Celtic Harp)'다. 그런데 아일랜드가 영국에서 독립을 할 당시 켈틱 하프를 아일랜드를 상징하는 표상인 국가 문장(紋章)으로 선정했는데, 그때 기네스는 아일랜드의 국가 문장과 브랜드의 심볼이 겹쳐 이 켈틱 하프 심볼을 포기해야 하는 상황에 부딪히기도 했다. 아일랜드보다 반세기 이상 먼저 고수해 온 하프 심볼을 차마 포기할 수도, 그렇다고 자국에 반하는 행동을 할 수도 없어 기네스가 난감한 상황에 처했을 때, 아일랜드 정부가 기발한 묘책을 채택한다. 바로 하프 문양의 좌우를 뒤집는 것. 그렇게 기네스는 지금의 심볼을 지킬 수 있게 됐고, 아일랜드도 국가의 상징으로서 사이좋게 켈틱 하프 심볼을 사용할 수 있게 됐다.

의도한 건 아니지만 아일랜드의 상징과 기네스 로고의 유사성은 기네스를 더욱 아일랜드 대표 맥주로 보이게 만든다.

기네스와 위젯

기네스의 캔을 집어 흔들어 보면, 캔 안에서 딸깍딸깍 소리가 난다. 캔 속에 들어있는 동그란 모양의 플라스틱 구슬이 캔에 부딪히면서 나는 소리인데, 이 동그란 구슬이 기네스의 맛의 비결이다. 캔 속에 플라스틱 구슬이라는 다소 생뚱맞은 조합 때문에, 한때 웹상에는 "기네스에 불순물이 들어있어요"등의 게시글들이 목격되곤 했다. 하지만 이 '위젯'은 당연하게도 불순물이 아니다. 오히려 기네스의 부드러운 거품을 만드는 아주

(사진 = 기네스 위젯 / 브루어월드)

중요한 요소로, 캔을 따는 순간 발생하는 압력 차로 인해 캡슐 형태의 위젯이 품고 있던 질소가 분출되며 거품이 일어난다. (삿포로의 거품이 스노우 헤드였다면, 기네스의 거품은 크리미 헤드라고 불린다)

이때 기네스 전용 잔에 *기네스만의 방식으로 맥주를 따라

내면, 비로소 제대로 된 기네스를 맛볼 수 있다.

> ***기네스 크리미헤드 만드는 법 (기네스 공식 홈페이지 참조)**
>
> 1. 캔맥주를 따서 5초 정도 기다린다. (위젯에서 질소 가스가 분출될 때까지 기다린다)
> 2. 45도로 기울인 마른 컵에 80% 정도 올라올 때 까지 일정한 속도로 천천히 따른다.
> 3. 잔을 세워 마저 부은 후 거품과 맥주가 완전히 분리되기까지 기다린다.
> 4. 정확히 119.5초를 기다리면 갈색이던 맥주가 점점 검은색으로 바뀌는데 바로 이
>   --순간 최적의 기네스가 완성된다.

100억이 둥둥 떠다니는 캔맥주

앞서 삿포로 캔맥주에서 '스노우 헤드'를 경험하기 위해 가끔 잔에 따라 마시는 경우가 있다고 서술했지만 그럼에도 웬만하면 캔맥주는 캔째로 즐기는 편이다. 하지만 기네스 캔맥주만큼은 예외로 '무조건' 잔에 따라 마시는 게 좋다. 기네스 병맥주는 플로팅 위젯이 들어있지 않기 때문에 특유의 크리미 헤드는 캔맥주로만 경험할 수 있는 아주 소중한 '캔맥주적인' 경험이기 때문이다.* 심지어 기네스는 이 보드라운 질소 크림 헤드를 만들어주는 위젯을 개발하기 위해 20년 이상의 시간을 들였으며, 개발비만 1997년 당시의 돈으로 1000만 파운드(한화 약 100억)이상이 투입되었다니, 이토록 거룩한 노력을 보고도 어떻게 잔에 따르지 않을 수 있겠는가. 기네스가 소비자들에게 전하고자

---

*2012년까지는 병맥주에도 플라스틱 위젯이 들어있었지만 현재는 캔맥주에서만 경험할 수 있다.

하는 그 본연의 부드러움, 그것을 최대한 구현하려는 진심과 노력. 그것이 있었기에 지금의 기네스가 흑맥주의 대중화를 성공적으로 이끈, 흑맥주들의 흑맥주가 될 수 있지 않았을까?

버드와이저

Budweiser

◆ 미국 U.S.A

◆ 앤하이저-부시 브루어리 Anheuser-Busch Brewery

◆ 페일 라거 Pale Lager

제5캔.　　　　**Alc.** 알콜　**IBU.** 쓴맛

앤하이저-부시 양조장(미국)

버드와이저　5.0%　12

스타일.　　　　　페일 라거(Pale Lager)

제품명:버드와이저　식품유형:맥주　원료명:정제수,보리맥아,쌀,홉

♻ 캔류
알미늄　　　　　　　　　　용량 : 500ml

바디감.

● ◖ ○ ○ ○

탄산감.

● ● ● ● ○

맛과 향.

Sweet	Bitter	Floral	Fruity	Nutty
달큰한	쌉쌀한	향긋한	상큼한	고소한

맥주관적인 기록.

'아메리칸 페일 라거'하면 가장 먼저 떠오르는 '버드와이저'. 곡물 향과 함께 톡! 쏘는 강렬한 탄산으로 청량함을 넘어 상쾌함마저 느껴진다. 무난한 향으로 어느 안주와도 잘 어울리고, 안주 없이 시원하게 마시기에도 적합한 맥주!

'King of Beers'라는 슬로건답게, 전 세계 판매량 1위를 다투는 맥주로, 세계 어디서나 사랑받고 있는 만큼, 가장 호불호가 갈리지 않는 대중적인 스타일이다.

Budweiser
'무모함이 필요한 순간에는 버드와이저'

아빠의 술상

우리 아빠는 술을 좋아했다. 경상도 사나이로 표현이 무뚝뚝한 아빠는 막내딸인 나에게 유일하게 애정 표현을 하곤 하는데, 술을 마시고 들어온 날이면 유독 더 행복을 머금은 애정 공세가 쏟아졌다. 취기로 빨개진 양손 가득 아이스크림을 사 오는 그런 우리네 아버지셨다. 물론 그 취기와 함께 더욱 우울해져서 오시는 날도 있었고 그럴 땐 회사에서 마시는 술이 꼭 마시고 싶어서 마시는 건 아니겠구나 짐작하곤 했다.

　내가 막 취업을 준비하던 그 무렵, 아빠는 20년 넘게 다니던 회사를 그만뒀다. 그와 함께 아빠가 취해서 집에 들어오는 일은 거의 볼 수 없었고, 대신 매일 저녁 맥주 한 캔씩을 마시기 시작했다. 아빠의 취기는 회사 생활에서 비롯되었고, 가끔은 본인의 의지가 아니었을 이 술은 회사를 그만두

고서야 아빠에게 새로운 취미가 되어 딱 적당한 취기를 선사했다. 아무튼 그렇게 매일같이 맥주를 마시던 아빠의 술상 단골손님은 750ml 버드와이저였다.

맛, 취향 거두절미하고 아빠가 버드와이저를 찾는 이유는 용량이었다. 일반적인 크기의 500ml 2캔보다는 적고, 1캔보다는 많은, 아빠에게 적당한 취기를 선사할 수 있는. 그때는 왜 그렇게 혼자서 당신 얼굴보다 큰 술을 마시나 했는데, 지금 생각해 보면 퇴직 후 아빠에게 든든한 친구가 되어준 버드와이저에게 고맙기도 하다. 어쩌면 처음으로 본인의 의지로 선택한 술친구일지도 모르니까.

근데 이 버드와이저, 용량만 많은 게 아니었다. 할 말도 많은가 보다. 캔 구석구석 하고 싶은 말들을 다 적어 났다. 말 없는 아빠에게 말 많은 친구가 되어준 버드와이저, 무슨 할 말이 그렇게 많았을까?

할 말 많은 미국 아저씨

버드와이저는 미국을 대표하는 맥주이자 '미국 최초의 라거'로, 빨간색과 흰색으로 뒤덮인 배경 위로 위풍당당하게 적힌 'King Of Beers(맥주의 왕)'라는 슬로건을 가지고 있다. 버드와이저는 캔 곳곳에서 미국 대표 맥주라는 자부심이 물씬 느껴지는데, 캔 따개(탭)에 음각으로 새겨진 슬로건, 'King of Beers'로 모자라 캔 바디 상단부터 하단까지 수많은 문장, 단어들로 빼곡히 도배되어 있다. 마치 콧대 높은 미국의 말 많은 아저씨를 캔맥주로 만들어 놓은 느낌이다. 자랑할 게 얼마나 많은지 캔 상단을 둘러싼 글을 읽고 있자면 내가 읽고 있는 게 캔인지 책인지 헷갈린다. 그런데 그럴 만도 한 게, 버드와이저는 현재 전 세계 맥주 브랜드 가치 1위로, 명실상부 세계에서 가장 가치 높은 맥주 브랜드라고 할 수 있다. 캔에 새겨진 수많은 문자들은 근거 있는 자신감이었다.

그중에서도 가장 흥미로운 '자랑'을 꼽아보자면, 캔 상단에 새겨진 문구 중, "독점적인 너도밤나무 에이징은 다른 어떤 맥주에서도 찾을 수 없는 맛과 부드러움을 제공합니다."

(사진 = 너도밤나무 에이징 / 버드와이저)

보통의 캔맥주에서 홉, 보리 등 맥주 원료에 대한 어필을 하는 경우는 비교적 쉽게 찾아볼 수 있으나 위스키나 와인도 아닌 맥주에서 '숙성' 과정에 대한 문구는 새로웠다. 더욱이 그 이름도 생소한 '너도밤나무' 에이징이라니, 궁금하지 않을 수가 없었다.

너도밤나무를 활용한 숙성 과정인 '비치우드 에이징'은 약 30일간 진행되는데, 너도밤나무 조각들이 에이징 과정에서 산소를 더 적게 통과시키는 역할을 하면서 더 오랫동안 신선하게 숙성될 수 있다고 한다. 결과적으로는 이 과정이 버드와이저 특유의 깔끔한 맛을 더 강화시킨다고 한다.

사실 이 숙성과정의 차이가 맥주 맛에 얼마나 극적인 변화를 가져오는지는 알 수 없지만, 어떻게 보면 그냥 넘어갈 수도 있는 디테일을 지켜내기 위해 아직까지도 모든 버드와이저 맥주에 '너도밤나무 에이징'을 고수하고 있다고 한다. 이 정도 정성이면, 말이 많을 만도 했다.

무모함에서, 위대함으로

지금이야 '킹 오브 비어'라는 호기로운 슬로건으로 세계의 맥주 시장을 장악하고 있는 버드와이저이지만, 사실 시작은 무모한 도전이었다.

버드와이저의 창립자, 독일계 미국인인 '아돌프 부시'는 처음 미국에서 맥주 사업을 하고자 했지만 당시 미국에선 카우보이 정신과 그에 걸맞은 도수 높은 위스키가 유행하고 있었기 때문에 맥주는 생소했고, 관심을 받지 못했다. 독일계 이민자들을 제외하고는 미국에서 맥주를 마시는 사람 자체가 적었기 때문에 사업적으로도 무모했다. 당시 아돌프 부시는 결국 맥주 사업에 비관적인 생각을 가질 수밖에 없었는데 이때 도움을 준 사람이 바로, 이후에 부시의 공동창업자이자 장인어른이 될 '앤하이저'였다. 앞으로는 저도수의 맥주가 유행할 것이라는 선견지명을 가진 앤하이저는 망해버린 한 양조장을 인수한 뒤 실의에 빠진 부시의 멱살을 붙잡고 맥주 산업에 전념한다. 이후, 부시는 친구이자 주류 수입업자인 '칼 콘래드'와 함께 체코 보헤미안 지역의 '부트바이스(Budweis)'를 여행하게 되는데, 부시는 그 때 그곳의 지역 맥주에 매료되고 큰 영감을 받는다. 미국으로 돌아오자마자 부트바이스 지역의 이름을 따 만든 '버드와이저(Budweiser)'를 출시했는데, 이 투명한 황금빛 맥주는 미국에서 그야말로 큰 반향을 일으켰다.

그렇게 탄생한 맥주 회사가 현재 전 세계 맥주 브랜드 가치 1위 회사인 '앤하이저-부시 인베브'다. 독일계 미국인이 만든 체코 보헤미안 스타일 라거, 직접 체코 본토까지 찾아가 배워 온 방법으로 만들어 낸 버드와이저는 미국의 맥주답게 그 역사부터 다양한 인종에 걸쳐져 있고, 미국의 개척정신을 그대로 닮아 있었다. 맥주 산업의 불모지에서 어쩌면 무모할 수 있었던 그들의 맥주 사업은 그 무모함으로 인해 위대함으로 꽃 필 수 있게 됐다. 언젠가 불확실성에 주저하게 되는 순간이 온다면 버드와이저 한 캔 툭- 털어 넘기고 한걸음 개척해 나가보면 좋겠다. 조금 무모해 보일지라도, 훗날 그 무모함이 이유 있는 자신감이 되어 돌아올 테니 말이다.

데스페라도스

Desperados

- ◆ 프랑스 France
- ◆ 피셔 브루어리 Fischer Brewery
- ◆ 페일 라거 Pale Lager

제6캔. _____ **Alc.** 알콜 **IBU.** 쓴맛

피셔 양조장(프랑스)
데스페라도스 **5.9%** ‒
(미공개)

스타일. 페일 라거(Pale Lager)

제품명:데스페라도스 오리지널　식품유형:맥주　원료
명:정제수,엿기름,포도당시럽,설탕,맥아당시럽,호프추
출물,구연산,천연향(데킬라향,라임향)

용량 : 500ml

바디감.

● ◐ ○ ○ ○

탄산감.

● ● ● ○ ○

맛과 향.

Sweet	Bitter	Floral	Fruity	Nutty
달큰한	쌉쌀한	향긋한	상큼한	고소한

맥주관적인 기록.

과일 맛의 술들이 전성기를 맞이했던 한때 함께 역주행했던 맥주, 데스페라도스.

자고로 맥주는 쌉쌀하고, 청량해야 한다고 생각하는 사람이라, 데스페라도스가 '맥주'라는 사

실에 처음에는 적지 않은 충격을 받았더랬다. 하지만 명백한 맥주, 페일 라거라는 사실!

데스페라도스는 상큼한 과일 향과 기분 좋은 단맛이 강해 상대적으로 높은 도수임에도 가벼운

느낌으로 마실 수 있다.

'데킬라 향'이 함유되어, 통상적인 라거의 느낌과는 전혀 다르니 데스페라도스를 마실 때는 '라

거'를 마신 다는 생각보다는 '칵테일'을 마신다는 생각으로 접근하는 것이 좋다.

Desperados
'반전의 반전의 반전, 데스페라도스'

과일맛 술 전성시대

술과 데면데면하던 대학교 저학년 때에는 학생회 소속으로 축제를 준비하는데 정신없었다. 대학교 2학년이 되어서 준비했던 축제는 유독 정신이 없었는데, 그건 다름 아닌 당시 대한민국 편의점과 마트에 혜성처럼 등장한 '순하리 유자 맛' 때문이었다. 이 과일 소주는 당시 품귀현상이 일어날 정도로 엄청난 인기를 끌며 대학가를 휩쓸었고, 주류업계에 '과일 맛'이라는 새로운 바람을 일으켰다. 혜성처럼 등장해 정말 혜성처럼 순식간에 자취를 감추긴 했지만, 나처럼 술맛을 제대로 모르던 대학생들도, 과일 맛 소주에 매료되면서 당시 대학가에는 편의점뿐만 아니라 술집과 식당까지 이 과일 소주를 팔기 위해 혈안이었다. 맥주 업계에서도 이듬해 망고 맛을 담은 맥주, 망고링고가 히트를 치며

주종에 상관없는 과일 맛 술 전성시대가 열렸다. 덕분에 편의점 냉장고에서 곤히 잠들어 있던 '데스페라도스'는 특유의 라임 향 덕분에 뜬금없이 역주행을 일으키며 영문도 모른 채 팔려나가기 시작했다. 내 동년배라면 아마 데스페라도스를 그 시기 즈음 처음 경험해 보았을 확률이 높다. 요즘은 다시 냉장실 속 화초처럼 곤히 잠들어 있지만, 데스페라도스는 그저 한 철의 유행이었던 맥주로 치부하기엔 여러모로 너무 아쉬운 맥주다.

비밀 많은 캔맥주

데스페라도스는 2014년, 한국에 들어온 '세계 최초 데낄라맛 맥주'로, 사실 라임과 데낄라의 맛을 얘기하기도 전에 이미 캔의 외관에서부터 멕시코스러움을 강렬하게 발산하고 있는데, 뜬금없게도 프랑스 출신이다. 그런데 원산지는 또 네덜란드산으로 표기되어 있다. 그야말로 아침드라마 뺨치는 출생의 비밀을 간직한 데스페라도스의 출생 스토리는 이렇다.

데스페라도스가 탄생한 곳은 지금은 없어진 프랑스의 피셔(Fischer) 양조장이다. 1821년 출범한 이 양조장은 1995년이 되어서야 세계 최초의 데낄라맛 맥주, 데스페라도스를 만들어 세계에 이름을 알릴 준비를 하게 된다. 하지만 다음 해 피셔 양조장은 그 가치를 알아본 네덜란드의 하이네켄에 인수되고, 데스페라도스의 원산지는 이에 따라 네덜란드산으로 변경된다. 이후 2009년에는 피셔 양조장이 폐업하면서 데스페라도스는 온전한 네덜란드산 맥주가 되었다. 프랑스에서 태어나 네덜란드로 입양돼 성장한 데스페라도스. 데스페라도스 캔의 가장 하단에는 세 단어 'BREWED-BRASSEE-GEBRAUT'가 표기되어 있는데, 이는 '양조'를 뜻하는 단어를 각각 영어, 프랑스어, 네덜란드어로 표기한 것이다. 이 정도면 데스페라도스도 이 복잡한 출생의 비밀을 즐기고 있는 듯하다.

데낄라도 아니면서 어데낄라고

데스페라도스의 비밀은 여기서 그치지 않는다. 앞서 데스페라도스를 '세계 최초 데낄라맛 맥주'라고 소개했는데, 실제 바나나가 함유되지 않은 바나나 우유를 바나나'맛' 우유로 표기하듯, 데낄라'맛' 맥주인 데스페라도스에도 역시 실제 데낄라가 첨가되어 있지 않다. 대신 '데낄라향'의 향료가 첨가되어 있다. 그래서 '세계 최초 데낄라 맥주'가 아닌 '세계 최초 데낄라맛 맥주'인 것이고, 그렇기 때문에 데스페라도스는 칵테일이 아닌 '맥주'로 구분되어 이 책에서 소개할 수 있었다. 저자 입장에선 소개할 수 있어서 다행이지만, 멕시코의 데킬라 심의 위원회 'CRT'의 생각은 달랐던 것 같다. CRT에서는 데스페라도스가 데킬라라는 이름을 사용하여 원산지 규정을 위반했다고 주장하며 법적인 소송까지 준비를 하겠다고 엄포를 놓았다. 하지만 데스페라도스의 변론이 신박했다.

 데스페라도스의 모회사인 하이네켄 대변인은, 신원을 밝힐 수 없지만 CRT 소속 회원에게 구매한 진짜 데킬라로 만든 '진짜 데킬라향'이기 때문에 데킬라라는 이름을 사용하는 데 문제없다고 변론했다. 진짜 데킬라도 아닌 '진짜 데킬라 향'이라니. 이것도 진짜라면 진짜다. 사실 이러나 저러나 우리가 상관할 일은 아니다. 우리는 그저 3천 원도 안 되는 가격으로 '진짜 데킬라향'이 담긴 술을 집 앞 편의점 냉장고에서 꺼내 마실 수 있다는 게 중요하다. 그것도 캔맥주로!

산 미구엘

San Miguel

- ◆ 필리핀 Philippines
- ◆ 브루어리 산 미구엘 Brewery San Miguel
- ◆ 필스너 Pilsner

제7캔.　　　　　　Alc. 알콜　IBU. 쓴맛

산 미구엘 양조장(필리핀)

산 미구엘　　5.0%　　19

스타일.　　　　　　　　　필스너(Pilsner)

제품명:산미구엘페일필젠　식품유형:맥주　원료명:물, 맥아, 곡류(옥수수),홉

용량 : 500ml

바디감.

● ● ○ ○ ○

탄산감.

● ● ● ● ○

맛과 향.

Sweet　Bitter　Floral　Fruity　Nutty
달큰한　쌉쌀한　향긋한　상큼한　고소한

맥주관적인 기록.

필리핀에 여행 간다면 물 마시듯 마시게 되는 맥주, 산미구엘!

여행지에서 마신 맥주의 맛엔 분명 보정 효과가 있지만, 한국에 돌아와서도 가끔씩 그 맛을 느끼기 위해 찾는 편. 필스너 특유의 상쾌한 홉 향이 살짝 느껴지면서 보통의 필스너엔 없는 부가물 라거 특유의 곡물향까지 느껴지는 독특한 느낌의 라거.

필리핀 현지에서는 덥고 습한 날씨 탓에 얼음에 타 마시긴 하지만, 뭐 굳이 그렇게까지 하지 않아도 충분히 현지의 맛을 느낄 수 있다.

San Miguel
'침묵 속의 강인함, 산 미구엘'

무탈한 여행, 무탈한 맥주

나에겐 최고의 (맥주)여행 메이트가 있다. 삿포로 편에서 '나마비루'라는 단어 하나로 존재감을 뽐냈던 바로 그 친구인데, 이 친구와는 신기하게도 가는 여행지마다 어떤 식으로든 '운'이 따른다. 삿포로 여행을 예로 들자면, 예약해 둔 비에이 투어 여행 당일, 늦잠으로 투어 버스를 놓쳤는데 알고 보니 그날 눈보라가 너무 심해 결국 투어 일정이 취소됐고, 우리의 과실로 버스를 놓쳤음에도 투어 비용을 환불받을 수 있었다. 그리고 그렇게 아낀 돈은 고스란히 삿포로 맥주를 마시는 데에 투자되는 식이었다. 함께 갔던 여행지 중 가장 운이 많이 따랐던 곳은 필리핀의 보홀이라는 섬이다. 현재는 공항이 생겼지만, 당시만 해도 세부에서 한 번 더 배를 타고 들어가야만 만날 수 있는, 꽤나 피곤한 섬이었다. 그럼에도 이 섬을 가장 운이 많이 따른 여행지로 꼽은 이유는 아무 사건도 일어나지 않았기 때문이다. 사건·사고 없이 흘러가는 여행이 가장 완벽한 여행이라는 생각을, 몇 번의 사고를 겪고 나니 하게 됐다. 한국에 돌아온 후, 5년이 지난 지금도 무탈했던 보홀에서의 여행을 기억하곤 한다. 별 떨어지는 밤 수영, 해변 코앞까지 마중 나와 있던 물고기, 함께 헤엄치던 거북이, 그리고 그 추억의 마무리에는 언제나 산 미구엘이 있었다. 그때의 여행이 무탈해서일까, 산 미구엘은 그 여행처럼 '무탈한 맥주'로 기억에 남아 있다. 구수한 맛도 씁쓸한 끝 맛도 시원함도 모든 것이 적절해, 언제 마셔도 탈 없이 맥주의 기능을 온전히 해내는 그런 맥주로 말이다.

가장 큰 복수는, 성공이다

산 미구엘은 필리핀을 대표하는 맥주로, 자칭 맥덕인 나에겐 더욱이 '필리핀 = 산 미구엘'로 해석된다. 그래서인지 산 미구엘이라는 이름의 출처에 대해 일말의 의문도 가져본 적이 없는데, 책을 쓰게 되면서 산 미구엘(San Miguel)이 '성 미카엘(Saint Michel)'이라는 뜻을 가진 스페인어라는 것을 알게 됐다. 자국 언어를 가진 필리핀에서 생산된 토종 맥주에 굳이 스페인어로 된 이름을 붙이게 된 것은 필리핀이 스페인의 식민 지배를 받던 1890년에 산 미구엘이 만들어졌기 때문이다. '산 미구엘'은 당시 산 미구엘 양조장이 위치한 필리핀의 한 지역 이름으로, 스페인 출신 정착자인 '돈 엔리케 바레토'에 의해 만들어졌다. 초창기 사명 또한 스페인어로 '산 미구엘 양조장'을 뜻하는 'la Fabrica de Cerveza de San Miguel'이었던 산 미구엘은 1913년, '브루어리 산 미구엘(Brewery San miguel)'로 사명을 변경하고 본격적인 수출을 시작한다. 수출 시장에서도 좋은 반응을 얻은 산 미구엘은 1953년 마침내, 스페인 시장에도 진출하게 된다. 이후 스페인에서 독립적으로 산 미구엘을 생산할 수 있도록 하는 협정을 맺은 뒤 2000년에는 스페인의 한 맥주 회사에 산 미구엘을 매각하면서 필리핀의 산 미구엘과 분리된다.

한때 스페인의 식민지였던 필리핀은 스페인의 통치에서 벗어난 후에도 미국과 일본의 통제를 연달아 받으며 약 400년간 식민 지배를 받은 국가다. 그런 순간들을 함께 한 산 미구엘은 상황에 굴복하지 않고 필리핀의 땅 위에서 꾸준히 성장하여 현재 세계에서 가장 잘 팔리는 맥주 중 하나로 손꼽힌다. 무엇보다, 식민 통치를 하던 국가에 역으로 수출을 하게 되고 결론적으로 여전히 필리핀에 막대한 돈을 벌어다 주며 보란 듯이 잘나가고 있는 걸 보면, 괜스레

통쾌하기도 하다. 그 아픈 역사를 이토록 청량하게 극복해 낸 맥주라니, 알고 마시니 더 속이 시원해지는 느낌이다.

꽉 찬 수레, 진한 사골

'빈 수레가 요란하다'라는 옛 선조들의 말씀은 역시나 옳은 것일까.(버드와이저를 두고 하는 말은 아니다.) 엄청난 과거를 숨기고 있는 산 미구엘은 요란하지 않은, 소박한 정보만을 캔에 담고 있다. 온몸으로 최선을 다해 꽉 찬 수레라는 것을 알리는 듯이 말이다. 금빛 몸통에 빨간색으로 포인트를 준 심플한 디자인의 산 미구엘은 수많은 화려한 캔들 사이에서 오히려 눈에 띈다.

산 미구엘의 역사는 캔의 겉모습이 아닌, 캔 안에 담겨 있다. 조용하지만 묵직하게, 오랜 시간 많은 역경을 무던히 견뎌온 라거의 맛이다. 화려한 외관을 가지지도, 휘황찬란한 브랜드 스토리텔링과 마케팅을 펼치는 것도 아니지만, 단조로운 겉모습 속 단단한 내공을 품고 있는 캔맥주다. 오래 우릴 수록 더욱 진해지는 사골처럼 산 미구엘도 흐르는 시간 속에서 더욱 견고해졌으리라.

빅 웨이브

Big Wave

- ◆ 하와이 Hawaii
- ◆ 코나 브루잉 컴퍼니 Kona Brewing Company
- ◆ 골든 에일 Golden Ale

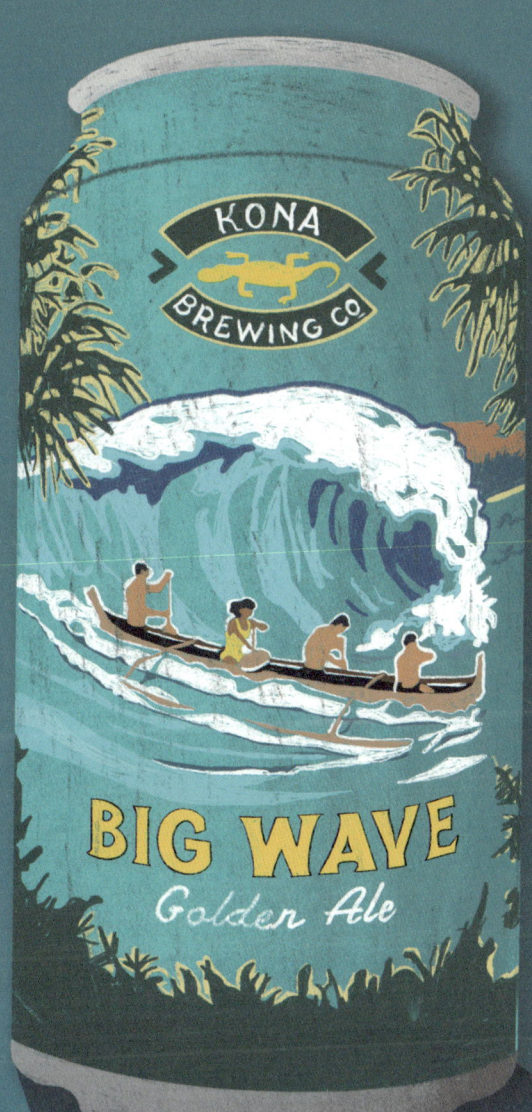

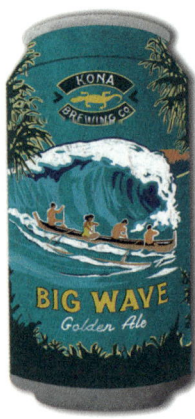

제8캔.

코나 브루잉 컴퍼니(하와이)

빅웨이브

Alc. 알콜

4.4%

IBU. 쓴맛

21

스타일. 골든 에일(Golden Ale)

제품명:빅웨이브 골든 에일 식품유형:맥주 원료명:정
제수,보리맥아,홉,효모

용량 : 473ml

바디감.

● ● ● ○ ○

탄산감.

● ● ● ○ ○

맛과 향.

Sweet	Bitter	Floral	Fruity	Nutty
달큰한	쌉쌀한	향긋한	상큼한	고소한

맥주관적인 기록.

여름 필수 맥주. 미국식 홉의 산뜻한 과일 향이 은은하게, 지속력 있게 입가에 맴돈다. 하지만
페일 에일에 비해 홉의 쓴맛이 과하지 않은 골든 에일 특성상, 한 여름의 갈증을 해소하면서 가
볍게 술술 마실 수 있다. 아직 홉의 쌉쌀함에 익숙하지 않다면 빅웨이브로 에일에 입문해 보는
것도 좋을 듯하다. 보기만 해도 시원해지는 하와이스러운 캔 디자인으로 여름 휴양지의 기분을
물씬 내주기 때문에 방구석 휴양이 필요할 때면 꼭 생각나는 맥주다. 골든 에일의 청량함이 더
빛을 발할 수 있는, 해가 쨍쨍한 한낮에 낮맥으로 마시면 이만한 보양이 없다.

Big Wave
'하와이를 액체로 만든다면, 빅웨이브'

자유와 해방의 끝에서

요 몇 년 새 우리나라, 특히 동해를 중심으로 서핑 문화가 자리 잡기 시작했다. 직접 경험해 본 서핑 문화는 한 단어로 표현하자면 '자유'였다. 파도만 있다면 언제든 바다로 뛰어드는 서퍼들을 보고 있을 때 느껴지는 자유와 해방감이 있다. 모든 것을 내려놓고 파도 잡는 데에만 몰두하는 사람들. 그 매력에 사로잡혀 서핑을 즐기면서 깨달은 게 있다. 서핑은 사실 파도를 타기 위해서가 아니라, 바다에 빠지기 위해 타는 것이다. 파도를 얼마나 멋있게 타든, 끝에는 결국 모두 똑같이 초라하게 바다에 풍덩 빠진다. 그리고 그 순간을 위해 서핑한다. 내가 잡은 파도는 끽해야 3~4초면 증발하듯 사라지는데, 그 순간이 되면 초연하게 모든 것을 내려놓고, 바다에 빠져야 한다. 괜히 더 타겠다고 발버 등 치면 꼴만 우스워진다. 풍덩 빠지는 순간 머릿속이 비워지고 이내 입으로 들어오는 짠 바닷물을 한 움큼 삼키면, 그때 묘한 해방감이 든다.

서핑하기 전에는 파도를 탈 준비가 아니라, 바다에 빠질 준비를 해야 했다. 모든 것을 내던지고 바다에 더 자유롭게 빠질 준비!

내가 서핑을 하러 온 건지. 소금물을 마시러 온 건지 헷갈릴 때쯤 되면 같이 온 서퍼들이 하나둘씩 제풀에 지쳐 서핑 샵으로 돌아간다. 파도를 타면서 자유를, 바다에 빠지면서 해방을 느낀 서퍼들에게는 빅웨이브 맥주 한 캔이 (서핑 샵 네이버 리뷰 이벤트 보상으로) 주어졌다.

알로하 농축액

빅웨이브는 하와이를 대표하는 맥주답게 하와이의 '알로하 정신'이 농축되어 있다. '알로하(ALOHA)'를 그저 천국 같은 휴양지 원주민의 팔자 좋은 인사라고 생각한다면, 오산이다. ALOHA는 하와이 원주민 언어의 약자로, Akahai(아카하이): 친절과 겸손 / Lokahi(로카히): 조화와 화합 / Olu'olu(올룰루): 기쁨과 즐거움 / Ha'aha'a(하아하아): 겸손함과 존중 / Ahonui(아호누이): 인내심과 참을성을 뜻한다.

빅웨이브를 만드는 코나 브루잉 컴퍼니는 1994년 카메론 힐리와 그의 아들 스푼 칼사가 하와이의 이러한 '알로하 정신'을 지켜내기 위해 설립했다. 그래서 코나 브루잉 컴퍼니의 맥주는 이름, 맛, 디자인 모두에서 하와이스러움이 넘쳐난다. 빅웨이브 외에도 서퍼들의 맥주 '롱보드', 하와이의 지역명을 인용한 '하날레이', '와일루아'까지 모든 맥주에 하와이가 묻어있다. 공통적으로 모든 캔맥주에 'Liquid Aloha'라는 문구가 적혀 있는데, 직역하면 '액체 알로하', 즉 이 캔에 담긴 것은 단순 맥주가 아닌 하와이 그 자체라는 뜻이다.

하와이 훔쳐 마시기

빅웨이브는 휴양지의 태양빛이 떠오르는 황금빛의 골든 에일이다. 골든 에일은 에일임에도 쓴맛이 거의 없으며 탄산과 과일 향이 너무 과하지도 않아 목 넘김이 깔끔한 특징을 보인다. 빅웨이브라는 이름에 어울리게 바다의 짠맛을 한껏 즐긴 후 가볍게 꿀꺽꿀꺽 마시기 딱 좋은 맥주다. 맛뿐만 아니라 캔의 디자인에서도 휴양지의 분위기가 물씬 풍기는데, 캔의 외관에 그려진 큰 파도는 보기만 해도 시원함을 자아내고, 그 파도에 올라탄 카누 위 4명의 원주민은 그 큰 파도에도 당황한 기색 하나 없이 그저 노를 저으며 앞으로 나아가고 있다. 그리고 그런 그들을 훔쳐보는 관찰자의 시점을 의도한 듯, 덤불들이 캔 외관을 감싸고 있는데, 마치 하와이의 맛을 탐하는 외부인의 시선을 묘사한 것처럼 느껴진다. 그리고 매해 여름이면 그 외부인은 내가 되고, 7,551킬로미터 떨어진 이곳 한국에서 하와이를 훔쳐 마시는 기분을 즐기곤 한다.

 빅웨이브를 마시며 느꼈던 향긋함과 부드러움, 순간순간 느껴지는 기분 좋은 목넘김과 청량함이 하와이를 닮은 것이라면, 제대로 맛보기 위해서라도 하와이는 죽기 전에 한 번쯤 가봐야겠다. 언제까지 훔쳐 마실 수만은 없으니까.

하이네켄

Heineken

- ◆ 네덜란드 Netherlands
- ◆ 하이네켄 브루어리 Heineken Brewery
- ◆ 페일 라거 Pale Lager

제9캔.	Alc. 알콜	IBU. 쓴맛

하이네켄 양조장(네덜란드)

하이네켄

5.0%   **19**

스타일.
페일 라거(Pale Lager)

제품명:하이네켄 라거 식품유형:맥주 원료명:정제수, 맥아,호프추출물

용량 : 500ml

바디감.
● ● ○ ○ ○

탄산감.
● ● ● ● ○

맛과 향.

Sweet	Bitter	Floral	Fruity	Nutty
달큰한	쌉쌀한	향긋한	상큼한	고소한

맥주관적인 기록.

강한 탄산감과 하이네켄 특유의 쌉쌀함, 맥아의 단 맛이 느껴진다. 필스너는 너무 쓰게 느껴지고, 부가물 라거가 너무 연하게 느껴진다면 하이네켄이 좋은 선택지가 될 수 있다.

유럽 챔피언스리그를 후원하고 있는 하이네켄, 축덕들에겐 그 자태만으로도 설레는 맥주다.

목을 찌르는 탄산감과 깔끔한 끝처리로, 공격과 수비의 밸런스가 좋은 유럽식 페일 라거라고 할 수 있다.

제9캔 🍾

Heineken
'지킬건 지키는 맥주'

캔맥주 학생회장

하이네켄은 유독 브랜딩 캠페인들이 기억에 남는 맥주 회사다. 술을 파는 회사에서 대담하게도 '술을 마시지 마세요'라는 캐치프레이즈를 내세운 음주운전 근절 광고라든지, 술에 대한 성별 고정관념을 깨버리는 광고라든지, 과감하면서도 공익적인 메시지로 세계 최고 맥주회사로서의 사회적 책임감이 돈보이는 캠페인을 진행하고 있다.

(사진＝하이네켄 광고 / 종업원이 당연하게 맥주를 남자 손님에게 서빙했지만 맥주는 여자 손님이 시킨 것이었다.)

또한 세계 최대 규모의 클럽 축구 대회 UEFA 챔피언스 리그를 후원하고 있으며 국내에서는 몇 년간 음악 페스티벌 5tardium을 후원하기도 하면서, 맥주 회사로서의 '흥'에 대한 체통도 지키고 있다.

하이네켄의 행보를 보고 있으면 꼭 공부 잘하는데, 놀기도 잘하는 엄마 친구 아들내미를 만난 기분이다. 건강한 음주문화를 권장하는 모범생이면서 놀 때는 또 스포츠, 페스티벌 등 화끈하게 놀 줄 아는 학생회장 같은 스타일. 이렇게 하이네켄이 다양한 마케팅 활동을 전개할 수 있었던 기반은 1941년 하이네켄 창립자의 손자인 '프레디 하이네켄'이 입사하면서 시작되었다. 그는 "저는 맥주를 팔지 않습니다. 즐거움을 팔죠"라는 명언을 남기고는, 이후 하이네켄의 대표가 되면서 설립 이래 최초의 광고팀을 설립했다. 더 나아가 로고에 사용된 웃는 모양의 'e'와 녹색 컬러, 별 모양 로고까지 모두 '프레디 하이네켄'의 작품이다.

현재의 하이네켄 캔을 살펴보면 굉장히 심플하게 구성된 것 같지만 사실은 그 요소들이 모두 하이네켄이 쌓아온 깊은 역사의 작은 흔적들이다. 중앙에 크게 배치된 붉은 별은 중세 시대 양조 산업에서 품질 좋은 맥주임을 표시하는 주술적인 수단이었다. (전 세계에 유독 '별' 심볼을 사용하는 캔맥주가 많은 이유이기도 하다.) 이 별을 중심으로 아래에는 하이네켄의 최초 설립일이 적혀있고 위로는 네덜란드어로 된 문구 'Diplome d'honneur Amsterdam'가 적혀져 있는데, '암스테르담의 명예로 인정받았다.' 정도로 해석할 수 있다. 실제로 하이네켄의 성공이 네덜란드의 암스테르담이 부흥하는 데 있어서 큰 일조를 했다고 한다. 마지막으로 하이네켄의 뒤편 로고를 살펴보면 특유의 웃는 모양 'e'의 주변을 'Enjoy, Responsibly (책임감 있게 즐겨라)'라는 슬로건이 둘러싸고 있다. 이를 통해 앞서 언급했던 '지킬 건 지키고 놀 땐 노는' 학생회장 스타일의 캠페인은 일회성이 아닌, 브랜드가 추구하는 방향성 자체가 올바른 음주 문화를 지향하는 것을 알 수 있다.

'브랜딩'이라는 개념이 제대로 정립되기도 전인 1951년, 프레디 하이네켄은 이미 브랜드의 색깔을, 로고를, 그 안에 담긴 의미를 만들어 내며 기업이 추구하고자 하는 하이네켄만의 아이덴티티를 진하게 양조해 내고 있었다.

브랜딩도, 품질에 자신이 있어야

사실 프레디 하이네켄이 맥주 그 자체보다도 브랜딩, 마케팅에 집중할 수 있었던 이유는 그의 조상들이 하이네켄의 맥주로서의 품질을 이미 최상으로 만들었기 때문일 것이다.

하이네켄은 1864년 네덜란드의 암스테르담에서 시작

됐다. 하이네켄의 창립자인 제라드 에이드리안 하이네켄은 암스테르담에 위치한 한 양조장을 매입하여 최고의 라거 맥주를 만들기 위해 고군분투했다. 그 노력으로 9년 뒤인 1873년, 암스테르담의 중심지에 본인의 이름을 딴 하이네켄 양조장을 설립할 수 있었다. 그의 경영 이념은 오로지 하나. '맥주의 순도와 뛰어난 품질을 최우선에 둔 양조장'을 만드는 것. 초라한 규모로 시작했던 하이네켄은 2년 뒤인 1875년, 국제 산업 박람회에서 금메달을 목에 걸며 본격적인 수출을 통해 회사를 키워 나갔다.

이에 만족하지 않고 1886년에는 위대한 미생물학자 '파스퇴르'의 제자인 '하트록 엘리온'이 만들어 낸 하이네켄만의 효모, 'A-Yeast'를 특허받아 하이네켄의 맛은 어떤 맥주도 흉내 낼 수 없게 되었으며 현재까지도 A-Yeast만을 이용해 제조하고 있다. 1886년 만들어진 맛의 비결을 21세기까지 그대로 선사하는 근본의 하이네켄을 편의점에서 마주칠 때면, 몇 대째 내려오는 비법 소스가 들어간 국밥을 마주할 때처럼, 마음이 경건해진다.

덕덕구스

Duck Duck Goose

◆ 미국 U.S.A
◆ 구스아일랜드 비어컴퍼니 Goose Island Beer Co.
◆ Session IPA

DUCK DUCK GOOSE

SESSION IPA

구스아일랜드 덕덕구스 세션 아이피에이

500mL | 4.7% ALC./VOL.

제10캔.

구스아일랜드 비어 컴퍼니(미국)

덕덕구스

Alc. 알콜 **IBU.** 쓴맛

4.7% **17**

스타일. 세션 아이피에이(Session IPA)

제품명:구스아일랜드 덕덕구스 세션 아이피에이 식품
유형:맥주 원료명:정제수,맥아,밀맥아,호프펠렛,효모,
산도조절제,영양강화제3종

용량 : 500ml

바디감.

● ● ● ○ ○

탄산감.

● ● ● ◑ ○

맛과 향.

Sweet   Nutty
달큰한 향긋한 상큼한 고소한

맥주관적인 기록.

구스아일랜드는 1988년 설립된 미국의 양조장이지만, 이 '덕덕구스 세션IPA'는 '구스아일랜드
브루하우스 서울'에서 출시한 맥주로, 국내 위주로 판매되고 있다.

'세션IPA'는 제1차 세계대전 당시 노동자들이 '일과 일 사이'를 뜻하는 특정 '세션'에 마시던 맥
주라는 뜻에서 유래된 이름이다. 일과 일 사이에 마셔야 하는 맥주이기 때문에, 도수가 높은 일
반 IPA보다 도수를 낮추되, 홉, 시트러스의 향은 최대한 보존한 맥주를 일컫는다. 매일이 전쟁
인 현대인들도 노동과 노동 사이, 잠깐의 쉬는 시간에 술 한잔 걸칠 수 있다면 고민 없이 선택
할 맥주. 적당한 쌉쌀함과 시트러스한 향긋함이 번갈아 가며 밀려와 지루할 틈이 없다.

Duck Duck Goose
'Work Hard, Drink Hard'

21세기 노동주

노동주, 그 단어만 들어도 반쯤 감겨있던 눈이 번쩍 떠진다. 오랜 세월 농경사회를 지내오면서 막걸리라는 신성한 '노동주'가 한국인이라면 DNA에 각인되어 있기 때문이다. 막걸리와 마찬가지로 '맥주' 역시 근본적으로 노동주의 성격을 가졌다. 산업혁명 시절 영국의 짐꾼들에게 '포터'가 그러하였다는 사실은 이미 언급했고, 18세기 벨기에의 농부들에겐 '*세종'이 그러하였다는 사실 역시 자명하다. 그리고 2024년, 이 원고를 쓰고 있는 집필 노동자에겐 덕덕구스가 그러하다. 물론 우리는 신성한 노동시간에 술을 논하는 것이 (겉으로는) 불편한 영락없는 K-직업인이지만, 사실 심연에는 일과시간에 캔맥주를 마시는 달콤한 상상이 침잠해있는 캔맥주의자이기도 하다. 만약 당신이 일과시간에 꼭 노동주를 경험해 봐야겠다면, 세종이나 막걸리까지

---

*벨기에에서 발원한 맥주 스타일로, 농번기인 여름에 농부들이 마시기 위해 양조된 에일의 한 종류다. 원래는 도수가 낮았으나, 현대의 세종은 오히려 일반 맥주보다 도수가 높은 특징이 있다.

갈 것 없이 편의점에서 쉽게 구할 수 있는 덕덕구스를 추천한다. 세종에 비해 도수가 낮아서 술을 마시지 않은 척하는 데 용이하고, 막걸리는 일하면서 마시기에는 너무 본격적이다. 무엇보다 덕덕구스 역시, 근본적으로 노동주의 성격을 띠고 있는 '세션 비어(Session Beer)' 계열에 속한다.

세션 비어는 제1차 세계대전 당시 영국의 군수품 공장 노동자들에게 두 번의 '세션(Session)'으로 주어지는 쉬는 시간에 마실 수 있도록 보급되었다고 해서 지어진 이름이다. 일을 해야 하는 노동자들의 맥주 였기 때문에 기본적으로 도수가 낮다는 특징이 있다. 그래서 맥주 스타일 앞에 '세션'이 병기되어 있다면, 해당 스타일 본래의 개성은 최대한 살리면서 동시에 도수는 낮게 양조되어 드링커블하게 즐길 수 있는 맥주라고 생각하면 된다. 즉, 덕덕구스의 스타일인 'Session IPA'는 IPA 특유의 짙은 홉의 풍미는 최대한 유지하되, 도수는 낮게 양조된 맥주다. 오리지널 IPA의 쌉싸름한 맛과 알코올을 상당히 걷어 냈기 때문에 그 아래 도사리고 있던 시트러스하고 트로피컬한 홉의 향이 아주 기분 좋게 코를 찌른다.

이제 이 맥주가 노동 중 부여되는 휴식 시간을 위해 탄생한, 새참 같은 술이라는 것을 여러분은 알게 되었다. 하지만 대부분의 직장인들은 쉬는 시간에 캔맥주를 따는 순간 내일부터는 영원히 쉬게 될 수 있기 때문에, 몰래 마시는 경우가 아니라면 모쪼록 일과시간보다는 고된 노동을 다

끝낸 후 하루의 마지막 새참을 즐기듯 이 술을 경험해 보는 것을 추천한다. 나 또한 회사원 시절 종종(사실 자주) 새벽에 퇴근하곤 했다. 그럴 때면 녹초가 된 몸으로 야근 택시에서 내려 꼭 편의점을 향했고 언제나 4캔 중 최소 한 캔은 덕덕구스를 집어 들어 귀가 했다. 침대에 걸터 앉아 한 모금 마시면, 하루 종일 부단히도 쌓인 찌든 때가 씻겨나가는 상쾌함에 다시 내일 출근할 힘을 얻었더랬다.

그래, 이것은 분명 21세기 노동주다. 긴말하지 않고 스트레스를 리셋 시켜버리는 시원한 탄산, 그러면서도 과하지 않은 알코올로 이성의 끈을 놓치지 않게 만드는. 당시 내 하루의 시작에 아메리카노가 있었다면, 하루의 끝에는 덕덕구스가 있었다.

대한미국 출신 거위

구스아일랜드는 미국 시카고의 1세대 브루어리로, 작은 브루펍으로 시작해 세계적인 브루어리로 성장했다. 편의점 냉장고에 알록달록 자리해있는 거위들을 마주하고 처음으로 이 브루어리를 알게 됐을 때, "시카고 사람들은 이 좋은 걸 자기들만 마시고 있었던 거야?" 하는 순간이 있었다. 그중에서도 특히 덕덕구스는 홉의 쌉싸름한 맛에 익숙하지 않은 우리나라 사람들이 IPA에 입문을 할 때 아주 적절하겠다고 느꼈다. 이런 일련의 생각들로 역시 미국은 크래프트 브루어리 문화가 참 멋지게 발달한 '맥주 선진국' 같다는 생각에 부러움에 젖어있었는데... 웬걸, 얼마 지나지 않아 알게 된 사실은 '덕덕구스'는 한국에서 만든 맥주였다.

구스아일랜드는 세계 각지(상파울루, 토론토, 상하이 그리고 서울)에서 자체 브루 하우스를 운영한다. '덕덕구스'는 그중에서 서울에 위치한 '구스아일랜드 브루하우스 서울'에서 자체 개발한 레시피로 탄생한 맥주다. "어쩐지!(?)" 그제서야 모든 퍼즐이 들어맞았다. 구스아일랜드 IPA의 기조는 적절하게 유지하면서도 IPA 특유의 쌉쌀함에 익숙지 않은 우리나라 사람들의 입맛을 충분히 고려했다. 페일 라거에 버금가는 낮은 IBU 수치만 봐도 그 의도가 명확해 보인다.

(그림 = 왼쪽 부터 구스아일랜드 312, IPA, 덕덕구스. 편의상 노랑이, 초록이, 파랑이로 부름.)

사실 덕덕구스는 한국 태생이라는 걸 이미 덩치에서부터 충분히

티를 내고 있었다. 구스 아일랜드의 대표적인 캔맥주 '초록이'와 '노랑이'는 모두 미국식 단위인 16oz에 맞춰 473ml 캔으로 제작되었지만 '파랑이'만 유일하게 500ml 캔에 담겨 있다. 국제 표준으로 통일된 도량형을 사용하는 우리나라의 캔은 당연히 ml 단위로 제작되지만 미국은 전 세계에서 거의 유일하게 미국 단위계인 oz를 쓰기 때문에 이런 차이가 발생한다. 실제로 편의점 냉장고에 구스아일랜드의 캔맥주들이 나란히 진열되어 있으면, 한국에서 만든 파란색 캔, 덕덕구스만 유독 키가 큰 것을 볼 수 있다. 같은 이유로 편의점 냉장고에서 약간 작은 키의 캔맥주를 발견한다면 그건 99.9% 미국에서 제작된 캔맥주다.

뿐만 아니라 구스아일랜드 캔맥주 뒷면에는 각각의 캔맥주의 특성이 담긴 일러스트가 그려져 있는데, 초록색 캔은 IPA를 상징하는 '홉'이, 노란색 캔은 위트 에일을 상징하는 '밀'이 그려져있고, 파란색의 덕덕구스는 구스아일랜드 브루하우스 서울의 전경을 포함한 남산, 강남 등 '서울'을 상징하는 일러스트가 그려져있어 온몸으로 서울 출신임을 드러내고 있었다.

'21세기 노동주'로 이 맥주를 소개했지만, 꼭 노동 후에만 마시라는 법은 없다. 미국산 모자이크 홉과 심코 홉을 사용해 시트러스와 열대과일의 캐릭터가 강조되어 있어, 여름철 휴양지의 바닷가와도 너무나도 잘 어울리고, 서울 출신 답게 한강의 시원한 강바람을 맞으며 마셔도 좋다. 개인적으로는 기회가 된다면 시카고에 위치한 구스아일랜드 섬에서 마셔보고 싶다. 덕덕구스는 고향으로 역수출해도 충분히 경쟁력 있을 캔이니까.

카이저돔 켈러비어

Kaiserdom Kellerbier

- ◆ 독일 Germany
- ◆ 카이저돔 브루어리 Kaiserdom Brewery
- ◆ Keller Bier

제11캔.

카이저돔 브루어리(독일)

카이저돔
켈러비어

스타일.

Alc. 알콜	IBU. 쓴맛
4.7%	13

켈러 비어(Keller bier)

제품명:카이저돔 켈러비어 식품유형:맥주 원료명:정
제수,보리맥아,효모,호프,호프추출물

용량 : 1L

바디감.

● ● ● ◐ ○

탄산감.

● ● ○ ○ ○

맛과 향.

Sweet	Bitter	Floral	Fruity	Nutty
달큰한	쌉쌀한	향긋한	상큼한	고소한

맥주관적인 기록.

처음 마셔본다면 적잖이 당황할 수 있다. 음식으로 친다면 평양냉면 같달까?

켈러 비어 특성상, 탄산이 적고 또 독일 맥주 특성상, 시트러스하거나 코를 자극하는 그런 자극
적인 홉이 들어가지도 않았다. 다만 효모에서 느껴지는 그 묘한 쿰쿰함과 약간의 산미와 함께
달콤하게 느껴지는 맥아의 맛이 이상하게 중독적이다.

목넘김 하나는 아주 좋아서 1L 용량임에도 불구하고 한 캔을 비우는 건 일도 아니다.

독일 맥주 하면 떠오르는 게 황금빛 페일 라거나 저먼 필스너 분이라면 이 원초적인 맥주 '켈러
비어'를 꼭 경험해 보자.

Kaiserdom Kellerbier

'밤베르크의 자부심'

지극히 게르만스러운 1L 캔맥주

독일 옥토버페스트에 간다면, 가장 경험해 보고 싶은 것은 무엇보다도 유서 깊은 독일 브루어리의 맥주들을 꼭 1L 매스 크루그 잔에 콸콸 따라 호방하게 마셔보는 것이다. 사실 그렇게 음주를 호전적인 방식으로 즐기는 편은 아니지만, 독일 맥주는 왠지 그렇게 즐겨야 그 맛이 배가 될 것 같다. 잘 알지도 못하는 프랑스 와인을 누구보다 고상하게 즐기고 싶은, 그런 약간의 허영심과 비슷하달까. 아무튼 카이저돔은 클래식한 독일 맥주를 옥토버페스트에 가지 않아도 1L씩 호방하게 즐길 수 있게 해준다. 그것도 캔으로! 어디서도 볼 수 없는 1L 캔에 담겨 있는 그 웅장한 모습을 보고 있자면 나도 모르게 경건해지는데, 뒤에 설명하겠지만 '카이저돔'이라는 그 이름 덕인지 신성하기까지 하다.

물론 이 캔에는 단점이 있다. '캔맥주'의 가장 큰 장점인 '편의성'과 '음용성'은 떨어지는 편이다. 캔맥주란 자고로 공원 벤치에 앉아 기쁜 마음과 가벼운 손으로 한 캔 즐길 수 있어야 하는데, 이 거대한 1L 짜리 캔을 한 손으로 들고 마시는 내 모습을 생각해 보자니 어쩐지 손도 마음도 무거워진다. 거기에 일반적인 캔맥주들과 달리 캔 상단부분이 사선으로 꺾여있지 않고 일직선으로 떨어지는 마치 통조림 같은 원통 형태라서 입을 데고 마시기에는 불편하다. 물론 이걸 누가 통째로 들어서 마시라고 만든 것이겠냐마는.

하지만 별 수 없지 않은가? 내 몸이 불편함을 느끼기 전에 얼른 입으로 털어 넣으면 된다. 그것이 방구석 게르만이 맥주를 즐기는 방식이니까.

여기도 원조, 저기도 원조!

강원도 춘천 닭갈비 거리의 원조 닭갈비 집에서 식사를 하고 몇 걸음 걷다 보면 또 다른 원조 닭갈비집을 목도하게 된다. '원조'가 닭의 품종도 아닌데 여기도 원조 닭갈비 저기도 원조 닭갈비. 어디가 진짜 원조냐고 묻는다면 그냥 내 입에 가장 맛있는 곳이 원조가 되는 방식이랄까. 독일 맥주도 다르지 않다. 독일 하면 떠오르는 '맥주 순수령'의 발원지가 정확히 어디인지는 지역마다 이야기가 다르다. 흔히 말하는 '독일 맥주 순수령'은 바이에른 공국의 빌헬름 4세가 1516년에 맥주를 물, 보리, 홉으로만 만들어야 한다는 규정을 공포한 것을 의미하고, 독일의 '밤베르크' 지역에서는 이미 그보다 27년 전인 1489년에 '밤베르크 순수령'을 제정하여 순수한 맥주를 만들기 위한 규정을 만들었다. 그렇다고 밤베르크가 진짜 '맥주 순수령'의 원조냐 묻는다면 또 그렇지도 않다. 순수한 맥주를 만들기 위한 조례나 순수령을 포함한 다양한 규정들은 그보다 훨씬 전인 12세기부터 기록이 존재하기 때문에 가장 먼저 맥주 순수령을 제정한 곳이 어디고 그 주체는 누구냐는 논쟁은 사실 춘천 닭갈비 거리에서 진짜 원조집을 찾는 것만큼 무의미하다. 중요한 것은 '카이저돔'이 그만큼 뿌리 깊은 맥주 순수령의 역사를 가진 밤베르크 지역의 맥주를 대표한다는 것이다.

'카이저돔'은 밤베르크를 상징하는 종교 시설물이다. 독일의 카이저돔은 '대성당'을 뜻하는데, 일반적인 대성당이 아니라 '황제(카이저)'가 대관식을 치뤘다거나 황제의 시신이 안치되어 있는 등 황제와 관련된 역사가 있는 대성당만을 '카이저돔'이라고 하며 현재 독일에는 밤베르크를 포함한 9곳의 대성당만이 '카이저돔'이라는 명칭을 쓰고 있다. 카이저돔, 왜 굳이 이렇게 부담스러운 1L 캔으로 제작을 하게 되었는지 궁금했는데, 생각해 보니 '황제의 대성당'이라는 그 웅장한 이름에 이렇게 걸맞은 캔맥주가 또 있을까 싶다.

가장 원초적인 지하실 맥주

술을 즐기다보면, 언젠가 꼭 현지 양조장에 직접 가서 경험해보고 싶은 술이 하나 둘 씩 늘어난다. 마치 내가 좋아하는 가수의 노래를 콘서트에서 라이브로 감상해보고 싶은 욕구와 닮아있다. 가수의 창법이 어떤 보정도 거치지 않고 내 귀로 직행할 때의 짜릿함을 느끼고 싶어 콘서트에 가는 것처럼, 마찬가지로 내가 좋아하는 술도 현지의 양조법 그대로, 날 것 그대로를 경험해보고 싶게 된다. 100% 동일하다고 말할 수는 없지만, 카이저돔 '켈러 비어'는 독일 현지에 가지 않아도 그 전통적인 양조 방식으로 생산된 맥주를 가장 생생하고 유사하게 즐길 수 있는 캔맥주다.

켈러 비어(Keller Bier)는 독일어로 '지하실 맥주'를 뜻한다. 19세기 이전까지는 냉장 기술이 발달하지 않았기 때문에 서늘한 지하실의 오크통에서 맥주를 숙성했는데, '켈러 비어'는 그 오크통에 담긴 맥주를 바로 따라서 내어주던 가장 원초적인 방식의 맥주다. 당연히 효모의 여과 과정 따위는 거치지 않아서 효모 찌꺼기가 둥둥 떠다닌다. 효모를 거르지 않는다고 해서 언필터드 비어(Unfilterd Bier)라고도

하며, 따로 탄산을 주입하는 강탄 과정을 거치지도 않아서 그야말로 '태초의 라거'와 가장 유사하다. 또한 그 자리에서 바로 따라주는 방식의 특성상 마개가 자주 열려 있기도 하고 애초에 오크통 자체가 탄산을 오랫동안 유지할 만큼 압력이 높지 않기 때문에 현대의 라거와는 다르게 탄산의 포화도가 매우 낮은 특징이 있다. 혀가 저릿할 정도의 탄산에 적응이 되어버린 우리가, 이런 배경지식 없이 켈러 비어를 마시게 된다면 그저 '김빠진 맥주'로 오해할 수 있다. 하지만 독일 현지에는 이런 켈러비어의 저탄산을 오히려 즐기는 매니아층이 많다. 탄산이 적어 특유의 부드러운 목넘김으로 꿀떡 꿀떡 넘기다보면 나도 모르는 새 한 캔을 다 비우게 된다.

탄산이 꼭 강해야만 맛있는 맥주는 아니다. 사실 지나치게 강한 탄산은 맥주의 '맛'을 약간은 저해하는 요인이 되기도 한다. 맥아와 홉의 풍미를 느낄 새도 없이 혀를 가차 없이 뚜들겨버리기 때문인데, 켈러 비어를 마실 때에는 조금 더 맥주 본연의 맛에 집중할 수 있다. 특히 효모를 거르지 않아서 특유의 향긋하면서도 쿰쿰한 향은 라거 중에서는 켈러 비어가 아니라면 느낄 수 없다.

냉장고가 없던 중세 시대의 독일 맥주를 경험할 수 있는 켈러비어는, 맥주를 마신다는 관점보다 잠시 타임머신을 타고 당시의 맥주를 '체험'한다는 생각으로 즐겨보자.

필스너 우르켈

Pilsner Urquell

- ◆ 체코 Czech
- ◆ 플젠스키 프레즈드로이 Plzeňský Prazdroj
- ◆ Pilsner

제12캔.

플젠스키 프레즈드로이(체코)

필스너 우르켈

Alc. 알콜	IBU. 쓴맛
4.4%	40

스타일.

필스너(Pilsner)

제품명:필스너 우르켈 식품유형:맥주 원료명:정제수, 맥아,호프

용량 : 500ml

바디감.

● ● ● ◑ ○

탄산감.

● ● ● ● ○

맛과 향.

Sweet	**Bitter**	**Floral**	Fruity	**Nutty**
달큰한	**쌉쌀한**	**향긋한**	상큼한	**고소한**

맥주관적인 기록.

독일어로 '원조 필스너'를 뜻하는 그 직관적인 이름에서부터 느껴지는 근본. 시대가 변해도 전혀 촌스럽지 않은 이 맛은 마실 때마다 "맞네, 라거는 원래 이 맛이었지" 하게 되는 라거의 시작이자 끝이라고 할 수 있겠다. '원조'의 맛이 이렇게까지 대체가 안되는 경우는 인류의 유구한 음식 역사를 통틀어봐도 몇 없지 않을까?

탭을 들어 올리는 순간 사츠 홉의 허브 향 그리고 홉 내음이 먼저 코를 반긴다. 한 모금 마시면 스치듯 지나가는 맥아의 단 맛 그 이후 홉의 쌉싸름한 피니시가 이불을 덮어주듯 혀를 감싼다. 약간 쓰다고 느낄 수 있지만, 한 번 마시면 돌고 돌아 결국 라거는 필스너 우르켈을 찾게 된다.

Pilsner Urquell
'플젠에서 온 한 캔의 편지'

필스너 혁명

필스너는 원래 맛이 없었다. 맥주가 담긴 통 째로 광장에 던져버릴 만큼. 일단 앞선 문장에 대한 해명을 하기 위해서 필스너의 어원을 살펴보자면, 독일어로 필스너(Pilsner)는 '*플젠(Pilsen) 지역의'라는 뜻이다. 즉, '체코 플젠 지역에서 만든 맥주'라는 직관적인 의미를 가지고 있다. 그런데 앞서 말한 것처럼 사실 플젠 지방의 맥주는 맛이 형편없었고, 그 맛에 불만을 느낀 시민들이 모여 시위를 할 정도였다. 그도 그럴 것이 체코의 플젠은 독일의 바이에른 주와 아주 가까운 지역이다. 사실상 엎어지면 코가 독일 맥주에 닿을 거리에 위치해 있다. 이웃 나라 독일은 맥주의 품질 관리를 위해 정부 차원에서 총력을 기울이고 있는데 정작 자국의 맥주가 형편없다면, 그 얼마나 비통한 일이겠는가. 결국 플젠의 의원

---

*체코어 플젠(Plzen)의 독일어 표기가 'Pilsen'이다.

과 시민들은 1838년, 양조장을 급습해 썩은 맥주통을 가져와 플젠의 한 광장에다 던져버렸다. 그때 광장에서 터져버린 맥주 오크통이 36통이라고 하는데, 한 개의 오크통이 대략 160L 정도라고 가정해도, 그날 광장에서 흩뿌려진 맥주의 양은 5,760L로, 캔 맥주로 치환하면 11,520캔 분량이라는 계산이 나온다.

그들이 그날 광장에 던져버린 것은 단순한 맥주통이 아니다. '플젠 맥주의 어두웠던 과거' 그 자체다. 이 혁명으로 플젠은 맛없고 신 맥주로 물든 과거를 청산하게 되었을 뿐 아니라 페일 라거의 시초이자 세계 최초의 '밝고 투명한 라거', 필스너를 세상에 탄생시키는 맥주 역사에 있어서 가장 위대한 마일스톤을 세우게 되었다. 이렇게 탄생한 필스너 우르켈은 체코를 대표하는 맥주이며 현재까지도 변함없는 맛으로 대체 불가능한 풍미를 지니고 있다. 체코는 당장 그날을 '필스너의 날'로 지정해야 한다. 일단 나부터 당시의 플젠 시민들에게 경의를 표하고 싶다. 그대들이 맥주의 역사를 바꿨다.

플젠에서 보내온 한 캔의 편지

필스너 우르켈의 캔 디자인은 마치 한 캔의 편지와 같은 인상을 풍긴다. 필스너 우르켈의 양조장을 상징하는 M자 모양의 문이 새겨진 붉은색 실링 왁스, 그리고 '필스너 우르켈'의 서명(P.U.)까지. 이 편지는 하고자 하는 말을 구태여 장황한 글로 전하지 않는다. 상단의 탭을 들어 올려 편지를 개봉하면, 1842년부터 한결같은 황금색 맥주의 풍미 하나로 그 이야기를 음미할 수 있다.

주책스런 실험

필스너 우르켈의 도수는 4.4%로, 다른 필스너의 도수에 비해서 꽤 낮은 편이다. 이론적으로 생각했을 때, 도수가 낮다는 것은 그만큼 맥아의 당분이 효모를 만나 알코올로 변환되는, '발효 과정'이 덜 진행되었다는 것을 의미한다. 결론적으로 필스너 우르켈은 미처 알코올로 변환되지 못한 당분이 많이 남아 있어야 한다. 그런데 필스너 우르켈은 단맛이 잘 느껴지지 않는다. 더 정확히 말하면 단 맛이 스쳐 지나간다. 투수가 던지는 강속구가 혀를 타고 미끄러지듯이 순식간에 스쳐지나가는 느낌이랄까. 이건 분명 홉의 쌉싸름한 풍미가 혀를 이내 감싸버리고, 강한 탄산이 혀를 마구 두드려버리기 때문에 단 맛을 느낄 새가 없는 것이다. 그렇게 납득하려 했지만 끝내 의문이 가시지 않았다. 아무리 그렇다 한들, 이론상 이 캔맥주는 본래 무척 달아야 한다. 맥아의 단맛이 느껴져야 한다는 말이다. 분명 이 강한 탄산과 홉의 풍미에 가려진 단 맛을 찾아낼 방법이 있을 것이다. 화학공학과 출신인 나는 정작 학부생 시절에는 끓어오르지 않았던 실험 욕구가 용솟음치기 시작했고, 그렇게 주책스럽게 시삭된 실험의 리포트는 아래와 같다.

필스너 우르켈 단 맛의 변화 고찰 실험

[실험 제목]
상온에 방치한 필스너 우르켈의 시간 변화에 따른 단 맛 변화 고찰

[실험 일재]
2024.5.7

[실험 가설]
필스너 우르켈의 단맛을 저해하는 요인 1) 강한 탄산 2) 홉의 풍미

[실험 과정]
i) 80%의 필스너 우르켈을 마시고 단 맛의 정도를 기록한다.

ii) 남은 20%의 필스너 우르켈을 상온에 두어 1) 탄산과 2) 홉의 풍미가 빠지도록 24시간 동안 방치한다.

iii) 방치한 20%의 필스너 우르켈을 마시고 과정 i)의 단 맛과 비교한다.

※맥아의 함량이 낮은 대조군(*발포주)도 같은 실험 과정을 거쳐 단 맛의 변화를 함께 관찰하였음.

[실험 결과]
실험군(필스너 우르켈)은 단 맛이 고스란히 느껴지는 보리맛 음료가 되었으며 대조군인 발포주에 비해 보리의 단 맛이 훨씬 강하게 느껴짐

---

*발포주는 맥주와 맛은 비슷하지만, 맥아의 함량이 맥주에 비해 현저히 낮아 맥주에 속하지 못하고 기타 주류에 속한다.

결국 필스너 우르켈의 단 맛은 분명 실재했고, 대조군으로 마신 발포주*에 비해 그 단 맛이 아주 선명했다.

'무탄산 맥주'를 마시는 기분은 솔직히 고역이었지만, 그래도 필스너 우르켈이 깊게 숨겨 놓은 단 맛을 채굴 해낸 것 같아 괜스레 뿌듯했다. 동시에 실험을 통해 얻은 교훈이 있다면, 단 맛을 숨겨 놓은 데에는 다 이유가 있다는 것이다. 필스너 우르켈이 쉽게 질리지 않는 이유는 이 단 맛을 꼼꼼하게 숨겨놓아 미각이 쉽게 피로해지지 않도록 맛의 균형을 완벽에 가깝게 설계해두었기 때문이다. 그러니 부디, 필스너의 단 맛이 궁금하다는 이유로 상온의 무탄산 맥주를 마시는 기행을 저지르는 사람은 더 이상 없기를 바란다.

대체되지 않는다는 것

그 탄생이 쉽지 않았던 만큼, 필스너 우르켈은 굳건히도 오랜 시간 필스너의 왕좌 자리를 지키고 있다. 적어도 현재까지는, '클래식'이라는 말이 가장 잘 어울리는 맥주가 아닐까? 수백 년간 현대 음악의 뿌리로서 여전히 연주되고 있는 클래식처럼, 페일라거의 기준으로서 여전히 음주되고 있는 필스너우르켈.

놀라울 정도의 풍미를 가진 다양한 홉이 생산되고 그에 따라 천태만상의 페일 라거가 생산되고 있지만, 그럼에도 필스너 우르켈이 흔들리지 않는 이유는 페일 라거의 기준을 제시했기 때문이다. 결국 어떤 페일 라거를 생산해도, 필스너 우르켈의 변형일 수밖에 없나.

하지만 영원한 것은 없다는 우주적 진리에 따라, 필스너 우르켈도 언젠가 이런 책이나 박물관에서만 볼 수 있는 맥주가 될 수도 있다. 그러니 우리가 해야 할 일은 신선한 필스너 우르켈을 캔으로 즐길 수 있는 세대임에 감사해하며 이 클래식을 가장 맛있고, 흥겹게 음주하는 일이겠다.

카스 프레시

Cass Fresh

- ◆ 한국 Korea
- ◆ 오비 OB
- ◆ 페일 라거 Pale Lager

제13캔.   **Alc.** 알콜   **IBU.** 쓴맛

오비맥주(한국)

카스 프레시   4.5%   −
(미공개)

스타일.   페일 라거(Pale Lager)

제품명:카스프레시   식품유형:맥주   원료명:정제수,맥
아,전분,호프추출물,변성호프추출물,영양강화제2종,
이산화탄소,산도조절제,효소제

용량 : 500ml

바디감.

● ◑ ○ ○ ○

탄산감.

● ● ● ● ●

맛과 향.

Sweet	Bitter	Floral	Fruity	Nutty
달큰한	쌉쌀한	향긋한	상큼한	고소한

맥주관적인 기록.

말이 필요 없는 한국 캔맥주계의 대들보! 파란색 캔에서부터 풍겨 오는 시원하고 청량한 분위
기는 한여름 냉장고 문 앞에 선 우리를 설레게 한다. 카스에게 바라는 것은 목을 찌르는 탄산과
그 어떤 더위도 가시게 할 시원함이다. 그리고 언제나 그것을 만족시켜 주는 카스. 홉과 맥아의
풍미를 기대하기보다는, 옅은 곡물 향이 더해진 짜릿하게 목으로 넘어가는 탄산이 생각날 때
찾기 좋은 맥주다. 다른 건 몰라도 한국인이라면 삼겹살 먹을 땐 카스만한게 없지 않을까.

제13캔 🔗

Cass Fresh
'시원해야만 하는, 시원해야만 했던'

1994년, 가장 더웠던 여름에 태어난

2018년의 기록적인 폭염이 오기 전까지는, 1994년의 여름이 기상 관측 이래 가장 더웠던 여름이다. 사실 그 더웠던 2018년마저도, 1994년의 여름 앞에서는 한 수 접을 수밖에 없다. 당시엔 대부분의 가정 집이 에어컨은 커녕, 힘겹게 툴툴거리며 돌아가는 선풍기와 추레한 종이 부채 한 자루로 버텼던 여름이었기에, 21세기의 폭염이 아무리 덥다 한들 그때와 비할 순 없다. 그리고 나는 그 해의 여름을 눈치도 없게 어머니의 뱃속에서 보냈다. 덕분에 그날의 여름을 누구보다 힘들게 겪었을 어머니에게 당시의 고된 나날들에 대한 이야기를 많이 들었다. 하나 있던 선풍기마저 시부모의 얼굴 앞에 고정되어 있어, 나와 뱃속에 있던 너는 아주 뜨겁게 익어갔다고. 당시의 여름은 그랬다며 그때는 태어나지도 않았었던 나에게 엄마는 선풍기처럼 툴툴 대곤 했다. 1994년의 여름엔 땅 위에 있는 모든 것들이 그렇게 뜨겁게 익어갔으리라. 그리고 그 해, 카스가 출시됐다.

그래서 카스는 시원해야만 했다. 태생적으로 이렇게 시원 해져야만 하는 팔자를 갖고 태어난 카스는 1994년, '신선해 서 맛있다'를 시작으로 '소리까 지 시원하다', '시원한 한국을 다시 만듭시다'등 시원함과 신 선함을 강조하는 캐치프레이즈

(사진 = 카스 TVCF(1997))   (사진 = 카스 신문광고(1994) / 동아일보)

를 내세워 한국 맥주 시장에서 점점 자리를 잡아감과 동시에 에어컨도 없던 한국을 시원하게 식혀갔다.

그래서, 콜드브루까지

2020년 카스는, 콜드브루 공법을 적용한 새로워진 '카스 콜드브루'를 발표했다. '콜드브루 공법'은 원래 커피 원두의 향과 맛을 최대한 보존하기 위해 원두를 뜨겁게 볶지 않고 저온에서 원두를 오랜 시간 우려내는 공법을 의미하는 단어로 쓰이기 시작했다. 최근 이 공법은 커피뿐만 아니라 다양한 음료 시장에서 적용되고 있는데, 맥주 업계에서는 카스가 콜드브루를 선도하고 있다. 카스는 이 콜드브루 공법이 72시간 저온숙성을 통해 더욱 생생하고 깔끔한 맛을 구현해낸다고 말한다.

궁금한 것은 그래서 맛이 이전과 얼마나 달라졌느냐겠지만, 사실 카스가 라거에서 에일로 맥주의 스타일 자체를 완전히 탈바꿈 한 것도 아니고 결국 똑같은 라거, 똑같은 원료에, 공법의 변화만으로 극적인 맛의 변화가 일어나길 기대하기는 힘들다.

하지만 카스가 콜드브루 공법을 통해 분명하게 얻을 수 있는 점은, 모든 콜드브루 음료가 그렇듯 원료에 열을 가하는 것을 최소화하기 때문에 원료의 변형이 가장 적을 수 있다는 것이다. 즉, 당장의 맛이나 향의 큰 변화보다는 '품질의 안정화' 적인 면에서 효과가 있을 것으로 보인다. 맥주를 마시다 보면 가끔 출고된 지 오래된 맥주는 맛이 변하는

감이 없지 않아 있었는데, 콜드브루 커피와 같이 콜드브루 맥주 또한 상대적으로 더 오랜 시간 동안 맛과 향의 변형이 적을 수 있다. (가설을 증명하려면 실험이 필요하겠지만, 상미 기한이 얼마 남지 않은 카스를 찾기도 어려울 만큼 여전히 카스의 회전율이 빠르다.)

무엇보다 '콜드브루' 공법은 1994년부터 시작된 카스만의 정체성인 '신선함과 시원함'을 2023년에도 현재의 방식으로 유지하고 있다는 반증이다. 국내에서 새로운 맥주가 계속적으로 출시되고, 또 사라지는 것을 반복하고 있지만 카스는 94년의 여름부터 뚝심 있게 우리의 무더운 여름을 시원하게 식혀 주고 있는 고마운 존재이자, 오래된 친구다.

테라

Terra

- ◆ 한국 Korea
- ◆ 하이트 진로 Hite Jinro
- ◆ 페일 라거 Pale Lager

AUSTRALIAN
GENEINE MALT SELECTED BY TERRA
PREMIUM QUALITY
TERRA
FROM AGM
100% REAL CARBONATED BEER MADE FROM PURE AG MALT
호주 청정맥아로 만든 100% 리얼탄산 맥주 · 테라 463mL

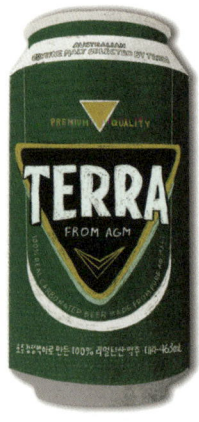

제14캔.

하이트진로(한국)

테라

Alc. 알콜

4.6%

IBU. 쓴맛

–

(미공개)

스타일.   페일 라거(Pale Lager)

제품명:테라 식품유형:맥주 원료명:정제수,맥아,전
분,호프,산도조절제,효소제,영양강화제

용량 : 500ml

바디감.

● ◐ ○ ○ ○

탄산감.

● ● ● ● ●

맛과 향.

Sweet	Bitter	Floral	Fruity	Nutty
달큰한	쌉쌀한	향긋한	상큼한	고소한

맥주관적인 기록.

초록 초록한 캔에서부터 청정, 청량한 분위기를 자아낸다. 카스와 대비되는 초록색 캔에 담겨
있지만, 항상 짝꿍처럼 같이 있는 둘이기에 고깃집에서는 각각 '파란색'과 '초록색'으로 불린
다. '파란색', 카스와 탄산감은 거의 비슷한 수준이고, 아주 조금이지만 곡물향이 더 강하다. 시
원하고 깔끔한 목 넘김을 원한다면 '파란색'을, 보다 더 고소한 청량함을 원한다면 "여기, 초록
색 하나 주세요!"를 외치자.

Terra
'미세먼지에 지친 당신에게'

미세먼지로 목이 칼칼한 날에는 테라

COVID-19가 창궐하기 바로 전, 우리나라를 괴롭히고 있던 또 다른 재난 있었다. 듣기만 해도 목이 칼칼해지는, '미세먼지'. 테라가 출시되던 2019년의 봄은 꽃 대신 미세먼지가 만개한 형국이었다. 점점 뿌예지기만 하는 하늘에 우리들은 지쳐갔고, 때마침 신제품 출시를 고민하고 있던 당시의 하이트 진로가 그러한 시대적 요구를 반영하여 미세먼지에 찌든 국민들의 니즈를 공략한 '청정 라거'를 출시하기로 한다.

그 콘셉트에 맞게 출시된 맥주가, 호주의 청정지역이라고 하는 '골든 트라이앵글' 지역의 맥아를 원료로 만든 '테라'다. 라틴어로 '땅, 흙'을 뜻하는 테라(Terra)라는 이름 또한 이러한 청정, 자연주의 콘셉트를 담기 위함이다.

보리가 모잘라서 그만...

캔 중앙의 테라 로고 아래에 적힌 슬로건, 'From AGM (Austrailian Genuine Malt)'은 사실 테라 출시 초기의 슬로건 'From AGT'(Austrailian Golden Triangle Malt)에서 변경된 것이다. 변경된 슬로건에는 테라의 아이덴티티인 청정 보리의 원산지 '골든 트라이앵글'에 대한 내용이 삭제되어 있다. 나는 이 사실을 한 고깃집에서 회식을 할 때 우연히 알게 됐는데, 벽에 붙어 있는 테라의 포스터에 적힌 슬로건과 고기와 함께 나온 테라의 바디에 적힌 슬로건이 다른 걸 보고 알게 됐다. 너무 궁금해서 술잔을 따르다 말고 열심히 검색을 했더라지. 그런 거나 발견하고 있었다니, 당시에는 광고회사 직장인이었던 나의 직업병이었을까 아니면 그냥 회식자리가 지루했던 걸까. 둘 다였을지도. 아무튼 그때 그 발견이 없었더라면 책에 이 내용을 쓰지도 못했을거다. 그렇게 지루한 자리가 아니라면 눈치채기 어려운 사소한 차이였으니 말이다. 발견하기도 어려운 한 글자를 바꾸면서까지 테라가 그토록 강조했던, 호주의 청정지역 '골든 트라이앵글'에 대한 내용을 갑자기 삭제한 이유는 무엇일까?

그 이유는 골든트라이앵글 지역의 맥아만으로는 테라의 생산량을 감당할 수가 없어, 결국 호주 전역에서 맥아를 수

입해야 했기 때문이라고 한다. 이 조그만 나라에서 도대체 술을 얼마나 마셨다는 말인가. 문득 그날의 회식자리가 스쳐 지나간다. 그럴만했던 것이, 테라가 출시 이후 36억 병 판매(2023. 2월 기준)를 돌파했다고 한다. 캔맥주의 판매량까지 합치면 사실상 지구인의 인구수에 육박하는 판매 기록을 보유한 테라의 인기는 여전히 멈출 줄 모른다. 이쯤 되면 호주도 당황스러울 것 같다. 지구 반대편에 있는 나라에서 호주까지 찾아가 보리의 씨를 말리고 있으니 말이다.

어찌 됐든 테라는 기쁜 마음으로 'From AGT'에서 알파벳 한 글자만 바꿔 'From AGM'으로 슬로건을 변경해야 했다. 테라의 캔 중앙에 그려진 호주의 골든 트라이앵글을 상징하는 황금색 삼각형이 무색해진 감이 없지 않아 있지만, 어떻게 보면 그냥 넘어갈 수 있는 부분을 지나치지 않고, 슬로건의 알파벳 한 글자만 바꿔 대처한 테라의 임기응변은 칭찬해 줄 만하다. 지금 이 순간도 회식 자리에서 호주의 보리 수출량을 늘리고 있을 모든 직장인들에게 파이팅을 건네고 싶다.

국내 유일 베리어 프리(Barrier Free) 맥주

캔 음료 상단의 뚜껑 부분에는 시각장애인들이 이 음료

가 어떤 음료인지 판단할 수 있게끔 하는 점자가 새겨져있는데, 문제는 이 점자가 거의 대부분 '제품명'이 아닌 '제품 카테고리'만 새겨져 있다는 거다. 예를 들어 '콜라'를 먹고 싶어 편의점 냉장고를 열었을 때, 시각장애인들 입장에선 '탄산음료'로 적힌 음료들만 가득한 것이다. 비장애인들은 눈 감고 마시면 똑같다는 콜라와 사이다마저 구분해서 구매할 수 있지만 시각장애인들은 '콜라'와 '맥콜'마저 똑같이 '탄산음료'로 적혀져 있어 구분할 수 없다. 마찬가지로 대부분의 캔맥주 또한 제품명이 아닌 제품 카테고리인 '맥주'로 점자가 새겨져 있어 시각장애인들 입장에선 에일, 라거, 흑맥주까지 그냥 다 똑같은 '맥주'라고 읽을 수밖에 없고, 심지어 점자가 없어 아예 캔맥주인지 탄산음료인지 분간조차 할 수 없는 경우도 있다.

하지만, 테라는 달랐다. 점자에 '맥주'가 아닌 제품명 '테라'를 새겨 시각장애인들에게 정확한 제품 정보를 제공한 국내 유일의 '베리어 프리 캔맥주'다. 이 사실이 유튜브와 SNS 상에서 화제가 되면서 테라는 비시각장애인들에게까지 호평을 받았고, 한동안 돈쭐이 나기도 했다.

편의점 냉장고를 열었을 때, 모든 캔맥주에 제품명이 아닌 '맥주'라고만 새겨져 있다면 어떤 느낌일까? 당연히 지켜져야 마땅한 소비자들의 권리가 지켜지지 않고 있음에 맥주보다 더한 씁쓸함이 느껴진다. 언젠가 테라의 정확한 점자 표기가, 칭찬받을만한 일이 아니라 당연한 일로 받아들여지는 사회가 오기를 기원하는 의미에서 오늘도 초록색 한 캔을 따야겠다!

어메이징 라거

Amazing Lager

- ◆ 한국 Korea
- ◆ 어메이징 브루잉 컴퍼니 Amazing Brewing Co.
- ◆ 이탈리안 필스너 Italian Pilsner

AMAZING LAGER

에메이징 라거
AMAZING LAGER

PILSNER

Alc. 5.3% | 500 mL

제15캔.

어메이징브루잉컴퍼니(한국)

어메이징라거

Alc. 알콜	IBU. 쓴맛
5.3%	28

스타일. 이탈리안 필스너(Italian Pilsner)

제품명:어메이징라거 식품유형:맥주 원료명:정제수,
맥아,효모,호프펠렛

용량 : 500ml

바디감.

● ● ○ ○ ○

탄산감.

● ● ● ● ○

맛과 향.

Sweet 달큰한   **Bitter 쌉쌀한**   **Floral 향긋한**   Fruity 상큼한   **Nutty 고소한**

맥주관적인 기록.

라거 맞나? 싶을 정도로 입안 가득 홉의 향이 가득 퍼진다. 독일산 노블홉 특유의 허브향과 꽃
향이 느껴지면서도 라거 특유의 보리 풍미가 가진 너티함으로 마무리되는데 맛이 정말 어메이
징하다. 아메리칸 페일 라거에 길들여져 둔감해져 있던 혀의 미뢰들이 되살아나는 맛이다.
호불호가 갈릴만한 향이 아니기 때문에 모든 안주에 어울린다. 하지만 꼭, 이 맥주를 만든 성수
동 어메이징 브루잉 컴퍼니에 방문해 시그니처 메뉴인 풍기 피자와 함께 곁들여 먹어 보는 것을
추천한다.

Amazing Lager
'진짜 어메이징이라거'

위대한 놀라움은, 우연으로부터

힙스터들의 성지, 성수를 소재로 한 브루어리의 캔맥주답게 패키지 디자인부터 힙한 면모를 뽐내고 있는 '어메이징 라거'. 그래서인지 맥주의 스타일조차 라거 중에서도 비교적 흔하게 볼 수 있는 체코식 필스너, 독일식 필스너가 아닌, '이탈리안 필스너'다. 생소할 수 있는 어메이징 라거의 스타일, '이탈리안 필스너'는 그 탄생 스토리부터 정말 어메이징하다. 계획을 좋아하지 않는 타입인(ENTP) 나는 우연의 힘을 믿는 편인데, 이탈리안 필스너에는 그 우연의 힘이 아주 듬뿍 함유되어 있다.

초창기 이탈리안 필스너를 만든 이탈리아의 유서 깊은 수제 맥주 브루어리, '빌리피치오 이탈리아노'의 창립자 '아리올리'는, 독일식 필스너의 열렬한 애호가였다. 그래서 그는 독일 북부의 필스너인 '예버 필스(Jever Pils)'가 가진 맛을 내기 위해 각고의 노력을 들였지만, 결과는 번번이 실패였다 하지만 그 실패가 이탈리아를 넘어 전 세계에 이탈리안 필스너의 이름을 알린 우연의 시작이 되었는데, 그는 독일식 필스너를 만들기 위한 실패의 반복 끝에서, 자포자기 심정으로 홉을 넣는 과정이 이미 끝난 필스너에 독일산 노블홉을 추가로 넣어보았고 그 결과는

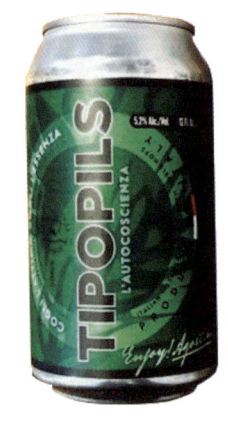

전혀 의도치 않은 맛이었다. 하지만 그 맛과 향이 오히려 좋았던 것. 그 결과물이 바로 가장 초창기의 이탈리안 필스너, 티포필스(Tipopils)다. Tipopils는 이탈리아어로 '필스너의 한 종류(Type of a Pils)'를 뜻한다. 그렇게 힘들게 만들어낸 맥주의 이름이 〈필스너의 한 종류〉라니... 그는 대체

(사진 = 티포필스 / 빌리피치오 이탈리아노)

얼마나 간절히 필스너를 만들고 싶었던 걸까. 아무튼 그렇게 우연히 탄생한 '어메이징 이탈리안 필스너'를 우리는 굳이 이탈리아에 가지 않아도 한국 크래프트 브루어리의 캔맥주 '어메이징 라거'로 맛볼 수 있다.

수제맥주계의 이단아

대한민국이 수제 맥주 열풍이던 2010년대 후반, 사람들은 카페 대신 크래프트 브루어리를 찾을 만큼 수제맥주의 인기는 열광적이었다. 그런데 맥주 좀 마셔봤다 하는 사람들은 대부분 크래프트 브루어리에서 맛있는 '에일'을 찾는데 혈안이었고, 실제로 대부분의 수제 맥주가 에일 스타일의 맥주였다. 별다른 향이 없는 부가물 라거들의 맛에 길들여져 있었던 한국인들에게 에일이 가진 다양한 풍미와 향은, 가히 신선한 충격이 아닐 수 없었다.

그런데 그런 와중에! '라거'로 당당히 살아남은 맥주가 있었으니, 그 이름부터 어메이징 브루잉 컴퍼니의 아이덴티티를 그대로 담고 있는 '어메이징 라거'다. 피니시가 깔끔한 라거의 특성상, 웬만하면 모든 음식과 어울리기 때문에, 음식을 시키고 웰컴 비어처럼 마실 수 있는 특징을 가지고 있다. 일반 페일 라거와 다른 특징은 단연 독일산 노블홉의 향긋한 허브향과 플로럴한 향이 정말로 일품인데, 이 향긋함이 과하지 않아 분명 에일과는 또 다른 느낌을 준다. 캔맥주 패키지 디자인의 깔끔하면서도 거친 느낌처럼 이 맥주는 양면적인 느낌을 가지고 있는데, 첫맛은 이탈리안 필스너 특유의 향긋한 청량함으로 목을 적시면서도 너 티한 보리의 맛으로 라거답게 마무리된다. '켈리'가 가진 슬로건 '라거의 반전'을 뺏어오고 싶을 정도로, 향긋한 향과 거친 보리 맛이 공존하는 반전 라거, 한 번 맛보게 되면 아메리칸 페일 라거에 길들여져 둔감해진 혀의 미뢰들이 되살아나는 느낌이다.

홉스플래쉬 IPA

HOPSPLASH IPA

◆ 한국 Korea

◆ 플레이그라운드 브루어리 Playground Brewery

◆ NE IPA

제16캔.　　　　　**Alc.** 알콜　**IBU.** 쓴맛

플레이 그라운드 브루어리(한국)
홉스플래쉬 IPA **6.7%**　**35**

스타일.　뉴잉글랜드 아이피에이(NE IPA)

제품명:홉스플래쉬 아이피에이　식품유형:맥주　원료
명:정제수,맥아,밀,홉,귀리맥아,효모,이산화탄소,황산
아연(효모영양제),염화칼슘,인산(산도조절제),산소

용량 : 500ml

바디감.　　　　　　　탄산감.

● ● ● ● ●　　　● ● ● ● ○

맛과 향.

Sweet　**Bitter**　**Floral**　**Fruity**　Nutty
달큰한　쌉쌀한　향긋한　상큼한　고소한

맥주관적인 기록.

이건 그냥 술이 아니라 마술, 또는 연금술에 가깝지 않을까? 과일이 하나도 들어가지 않았는
데, 주스를 따라 담아 놓은 것 같다. 눈 비비고 성분표를 다시 살펴도 과일은 전혀 들어가지 않
았다. 향과 맛뿐만 아니라 걸쭉한 바디감까지, 그냥 주스를 빼다 박은 수준이다.

물론 맥주의 특성도 결여돼있지 않다. IBU 35로 적당한 쌉쌀함이 끝 맛을 잡아주어 단 맛을 초
기화 시킨다. 이 지점이 이 맥주가 아주 요망스러운 이유다. 달고 상큼한 맛에 질리지 않도록
홉의 쌉싸름한 피니시가 미뢰를 교란 시킨다. 마치 단 맛을 느낀 적 없던 것처럼. 그렇게 마지
막 모금까지 질리지 않고 마시게 된다.

HOPSPLASH IPA
'맥주를 주스로 만들어버리는 양조의 마술'

홉과 귀리로 빚은 '맥주스'

홉스플래쉬는 출시 초기부터 맥주 애호가들 사이에서 '이렇게 주스 같은 뉴잉*은 처음'이라며 극찬이 자자했다. 맥주가 주스 같다니, 이게 무슨 생뚱맞은 소리일까?

당시 '뉴잉'이라는 장르 자체가 생소했던 나로서는 의구심이 들 수밖에 없었다. 서둘러 발품을 팔아 홉스플래쉬 한 캔을 구한 나는 언제나 그렇듯 일단 마셔보고 판단하기로 한다.

웬걸, 영글었던 의구심은 첫 모금을 마시는 동시에 내 목구멍을 타고 꿀떡 넘어가버렸다. 그리곤 나도 모르게 웃음이 터져 나왔다. "응, 이거 주스 맞네"

당시에 나는 너무 신기한 나머지 눈을 씻고 성분표를 정독해 보았지만 과일은커녕 과일향조차 전혀 함유되어 있지 않았다. 심지어 정말 주스처럼 걸쭉하기까지 했다.

---

*뉴잉글랜드 IPA를 맥주 애호가들 사이에서 줄여 부르는 말

정말 충격적이었다. 뉴잉은 양조가 아니라 연금술에 가까
웠다. 맥주를 주스로 바꿔버리다니. 이후에 많은 뉴잉을 경
험해 보았지만, 한국에서는 홉스플래쉬 만큼 그 장르의 특
성에 제대로 충실한 캔맥주는 찾기 힘들었다.

이렇게 개성이 확실한 맥주 스타일은 국내로 들여오면서
대중적인 입맛을 고려해 어느 정도 타협을 하게 되는 게 보
편적인데, 홉스플래쉬는 그런 선택을 하지 않았다. 도대체
어쩌다 이런 괴짜 같은 맥주를 만들었을지 그들의 생각이
궁금하지 않을 수 없었고, 그래서 직접 물어보았다.

플레이그라운드 브루어리와의 인터뷰 중 (2024.05.21 진행)

Q. 어쩌다가 이런 괴짜 같은 맥주스를 만들게 되었나요?

A. 비하인드 스토리가 있어요. 원래는 해외에서 홉을 직수입할
때 어려움이 있었어요. 식약청 식품 검열에서 문제가 생겨 수입
이 되지 않았던 건데, 저희가 적극적으로 검증된 자료를 제출하
면서 식약청이 인지하지 못한 부분을 소명했어요. 결국 규제가
풀리게 되었고, 이로 인해 저희뿐만 아니라 다른 브루어리들도
홉 수입이 원활해진 거죠.

그렇게 저희 노력으로 홉 수입에 대한 규제가 풀린 것을 기념하
는 의미로 '홉을 쏟아부어' 한정 생산한 것이었어요. 그러다 보
니까 이렇게 특별한 맛과 향을 가질 수 있게 된 건데, 워낙 많은 홉
이 들어가기 때문에 팔면 팔수록 손해일 정도였어요. 어쩔 수 없

이 한 배치만 선보이고 사라질 예정이었고요. 그런데 홉스플래쉬를 향한 팬들의 사랑이 뜨거워 '솔드 아웃'과 '한 배치만 더 만들자'를 반복했고 결국에는 정규 라인업에 포함되었죠. 물론 수익은 나지 않지만, 한국 맥주 소비자들도 신선한 뉴잉글랜드 스타일 IPA를 맛볼 수 있어야 한다는 생각에서 오늘도 홉스플래쉬를 만들고 있습니다.

원재료로 들어가는 홉의 양은 예상대로 어마어마했다. 커피로 비유하면 샷이 10번은 들어갔을거다. 1샷 아메리카노와 10샷 아메리카노의 차이를 생각해 보면 이 맥주가 얼마나 괴짜 같은지 감이 온다.

수익이 나지 않을 정도라니. 참으로 은혜롭지 아니한가. 그들 덕에 미국 뉴잉글랜드의 크래프트 브루어리에 가지 않아도 입속에서 홉이 철벅 철벅이는 끈덕진 캔맥주를 경험할 수 있게 됐다. 대체 홉스플래쉬를 만든 플레이그라운드 브루어리는 어떤 곳일까.

어른이들의 놀이동산

'놀이터'를 뜻하는 브루어리의 네이밍에서부터 순수하게 맥주를 즐기는 사람들을 위하고 있음이 느껴진다. 그래서인지 홉스플래쉬는, 놀이터에서 기똥차게 놀다가 해질녘

즈음 귀가해 냉장고에서 갓 꺼낸 오렌지주스를 마시던 코흘리개 시절의 향수를 주기도 한다.

플레이그라운드 브루이리가 놀이터라닌, 그들이 만늘고 있는 맥주는 우리에게 놀이기구다. 어른이들의 가슴을 뛰게 할 수많은 어트랙션이 일산에 위치한 플레이그라운드 브루어리에 기다리고 있다. 매력적인 놀이기구들이 더욱 많아지고 또 우리가 많이 찾게 된다면, 국내 맥주 애호가들의 놀이터를 넘어 세계적인 맥주 놀이동산이 되지 말란 법도 없다. 편의점 냉장고 앞도 좋지만, 직접 일산에 위치한 플레이그라운드 브루어리 탭하우스에 방문해, 세상에서 가장 짜릿한 놀이기구를 들이마셔보자.

뉴잉글랜드 IPA 스타일

미국 동부의 뉴잉글랜드 지역에서 발원한 맥주 스타일로 시트러스, 열대과일의 프루티함과 쥬시한 바디감이 가장 큰 특징이다. 사실 IPA와 뉴잉IPA의 차이를 만드는 데 가장 큰 기여를 하는 것은 '귀리'다. 홉의 풍미가 강한 IPA는 많지만 뉴잉이 선사하는 쥬시하고 꽉 찬 바디감의 마우스필은 분명 차이가 있다. 그리고 그 부드럽고 묵직한 바디감의 차이는 '귀리'에서 기인한다. 귀리 맥아와 밀 맥아의 단백질 성분과 폴리 페놀 성분이 맥주의 바디감을 형성하고, 가라앉지 않는 영구적인 탁도를 형성한다. 맥주 잔에 따라보아도 그 차이가 명확한데 뉴잉은 맥주의 빛깔조차도 마치 생과일주스와 같이 불투명하다. 빛이 통과되지 않는다는 것은 그만큼 분자들의 밀도가 높다는 것이다. 그렇기에 당연히 우리 입에서도 그 높은 분자 밀도의 바디감이 느껴진다. 투명한 맥주와의 차이를 비유하자면 탁주라고 불리는 불투명한 막걸리와 투명한 청주의 바디감 차이라고 하면 맞겠다. 뉴잉은 맥주 스타일에 있어서 탁주(濁酒) 그 자체라고 생각하면 된다.

Interview

크래프트 브루어리 인터뷰
[플레이그라운드 브루어리 Since.2015]

Q. 플레이그라운드 브루어리를 소개해 주세요.

A. 플레이그라운드 브루어리는 누구나 자신의 취향에 따라 선택할 수 있는 맥주를 통해 삶의 모든 순간을 즐길 수 있는 '놀이터'와 같은 공간이에요. 일상에 지친 현대인들에게 놀이터와 같은 즐거운 공간과 경험을 제공하고, 더 나은 맥주 경험을 선사할 수 있도록 특유의 시험 정신을 바탕으로 한 다양한 제품을 시장에 선보이고 있습니다.

Q. 어쩌다가 이런 괴짜 같은 맥주스를 만들게 되었나요?

A. 비하인드 스토리가 있어요. 원래는 해외에서 홉을 직수입할 때 어려움이 있었어요. 식약청 식품 검열에서 문제가 생겨 수입이 되지 않았던 건데, 저희가 적극적으로 검증된 자료를 제출하면서 식약청이 인지하지 못한 부분을 소명했어요. 결국 규제가 풀리게 되었고, 이로 인해 저희뿐만 아니라 다른 브루어리들도 홉 수입이 원활해진 거죠. 그렇게 저희 노력으로 홉 수입에 대한 규제가 풀린 것을 기념하는 의미로 '홉을 쏟아부어' 한정 생산한 것이었어요.

　그러다 보니까 이렇게 특별한 맛과 향을 가질 수 있게 된 건데, 워낙 많은 홉이 들어가기 때문에 팔면 팔수록 손해일 정도였어요. 어쩔 수 없이 한 배치만 선보이고 사라질 예정이었고요. 그런데 홉스플래쉬를 향한 팬들의 사랑이 뜨거워 '솔드 아웃'과 '한 배치만 더 만들자'를 반복했고 결국에는 정규 라인업에 포함되었죠. 물론 수익은 나지 않지만, 한국 맥주 소비자들도 신선한 뉴잉글랜드 스타일 IPA를 맛볼 수 있어야 한다는 생각에서 오늘도 홉스플래쉬를 만들고 있습니다.

Q. 플레이그라운드 브루어리가 이렇게 재기 넘치는 맥주들을 양조하는 데 있어서 가장 중점적으로 생각하는 가치가 무엇인지 궁금해요.

A. 맥주 양조는 사람의 손이 정말 많이 가는 작업이에요, 사람 손이 많이 가기에 더 꼼꼼해야 하고 신경을 많이 써야 하는 일입니다. 그렇기에 일하는 사람들의 마인드가 가장 중요하다고

생각해요. 저희 양조팀은 즐겁게 일하려 노력하고 일 속에서 재밌는 일을 찾습니다. 양조장 이름이 놀이터인 이유가 이런 이유도 있어요.

Q. 제주도에 거주하는 제가 집 앞 편의점에서 '홉스플래쉬'를 즐길 수 있다는 건 축복이에요. 캔맥주가 수제맥주의 지역격차를 해소시킨 덕분이죠. 앞으로도 더 많은 플레이 그라운드 브루어리의 캔맥주를 편의점에서 만나볼 수 있을지 궁금해요.

A. 플레이그라운드 브루어리는 소비자들이 편의점에서 더 많은 크래프트 맥주를 쉽게 만나볼 수 있도록 노력하고 있어요! 우리는 소비자들이 편하게 즐길 수 있는 새로운 맛과 독특한 스타일의 다양한 맥주를 제공하기 위해 신제품 개발에 최선을 다하고 있습니다. 더 많은 제품을 편의점에 공급하여 여러분이 더 많은 크래프트 맥주를 쉽게 접할 수 있도록 할 것입니다.

Q. 한 편으로는 크래프트 비어 문화가 익숙치 않은 일반 소비자들에게 홉스플래쉬 캔맥주의 6천 원대 가격을 납득시키기 위한 고민도 있었을 것 같아요. 아무래도 우리는 '4캔 만 원'세대이다 보니까요.

A. 플레이그라운드 브루어리의 편의점 진출은 단순히 '4캔 만 원'으로 살 수 있는 편의점 맥주가 늘어났다는 의미를 뛰어넘습니다. 크래프트 맥주의 본질에 충실한, 지역에서 주민들에게 사랑받는 다양한 맥주를 만들어 성장한 양조장이 최대 주류 소비채널에서 더 폭넓은 소비자와 만날 수 있게 된 것입니다. 편의점 진출을 계기로 수제맥주가 더 대중화되었으면 합니다.

Q. 캔맥주책 독자분들에게 플레이그라운드 브루어리의 캔맥주를 추천한다면 어떤 맥주를 가장 추천하고 그 이유는 무엇일까요?

A. 첫 번째로는 '홉스플래쉬 IPA'죠.

한국에 처음으로 뉴잉글랜드 스타일 IPA를 선보인 맥주가 홉스플래쉬 IPA였습니다. 국내에서 처음 시도하는 맥주이니 모든 것이 도전이었습니다. 그로 인하여 배운 기술도 많았고 어려움 또한 가장 많았던 맥주이기에 자신 있게 추천합니다.

또 하나는 저희 시그니처 캔맥주 라인업 중 '젠틀맨 라거'에요. 저희 대표 라인업 캔맥주들은 다양한 표정과 이야기를 지닌 '안동하회별신굿탈놀이'를 모티브로 구성했어요.

조선 시대의 탈놀이는 서민들이 자신들의 감정을 마음껏 분출할 수 있는 놀이터였다는 것에서 착안했습니다.

바쁜 하루를 살아가는 현대인들이 플레이그라운드 브루어리의 맥주와 함께 'Play Better'했으면 하는 마음으로 선택했는데, 양반탈, 각시탈, 파계승탈, 초랭이탈등 각 탈이 가진 캐릭터와 수제 맥주의 특징과 매칭 시켰어요. 외국 제품과는 다른 한국 맥주만의 특징을 드러내고 싶다는 생각이 컸고요.

그중에서도 젠틀맨 라거를 추천하는 이유는, 한국의 기존 라거들은 4도에서 5도 사이로 형성되는데, 젠틀맨 라거는 7.6도로 소주와 맥주를 섞은 이른바 '소맥'의 질감을 느끼면서도 소맥처럼 강한 알코올 맛은 없습니다. 그 대신 맥아의 진한 풍미를 즐길 수 있고 한국적 음주 문화에 착안해 개발했기에, 어디에나 자랑스럽게 내놓을 수 있는 제품입니다.

Q. 플레이 그라운드가 내년이면 창립 10주년으로 알고 있어요. 다음 10년은 어떻게 계획하고 있는지, 어떤 모습을 꿈꾸는지 플레이그라운드 브루어리의 순수한 팬으로서 그 미래가 궁금해요. (10주년 미리 축하드려요!)

A. 플레이그라운드 브루어리는 2015년 2월, 보다 맛있는 맥주로 어른들에게 바쁜 일상 속에서 즐거운 '놀이터'를 제공하겠다는 목표로 설립되었습니다. '더 나은 경험'과 '더 나은 즐거움'을 선사하기 위해 다양한 시도를 거듭해왔습니다.

정신없이 흘러간 시간들을 되돌아보면 아쉬움도 있지만, 크래프트 맥주만의 다양하고 독창적인 매력을 전달하기 위해 초심을 잃지 않았습니다. 앞으로도 신선하고 개성 있는 크래프트 맥주를 통해 새로운 도전에 나설 플레이그라운드 브루어리를 기대해 주세요.

부산 라거

Busan Lager

- ◆ 한국 Korea
- ◆ 갈매기 브루잉 Galmegi Brewing
- ◆ Pale Lager

제17캔.

갈매기 브루잉(한국)

부산 라거

Alc. 알콜   **IBU.** 쓴맛

4.5%   **15**

스타일.   페일 라거(Pale Lager)

제품명:부산 라거 식품유형:맥주 원료명:정제수,보리
맥아,호프펠렛,효모,영양강화제,산도조절제,이산화탄
소,산소

용량 : 500ml

바디감.

● ● ○ ○ ○

탄산감.

● ● ● ● ○

맛과 향.

Sweet   Bitter   **Floral**   Fruity   **Nutty**
달콤한   쌉쌀한   **향긋한**   상큼한   **고소한**

맥주관적인 기록.

누군가 부산을 묻는다면, 고민 없이 '부산 라거' 한 캔을 손에 쥐어 주겠다. 그야말로 부산을 쏙
빼닮은 라거다. 트렌디한 홉의 향긋함이 마치 부산의 도시 야경처럼 입안에서 반짝이면서, 동
시에 올 몰트 라거 특유의 구수한 맥아 향이 서서히 느껴진다.

부산의 도시적이면서도 동시에 향토적인 전경이 파노라마로 좌르륵 펼쳐지는 듯하다. 거기에
시원시원하게 끝나는 깔끔한 피니시까지. 기존의 전형적인 페일 라거들과 비교해서 마셔보면
그 차이를 더욱 명확하게 느낄 수 있다.

Busan Lager
'캔 안에 담아낸 부산의 풍미'

맥주로 그려낸 부산

부산은 도시적이면서도 또 동시에 향토적인 면이 공존하는 독특한 매력을 가진 지역이다. 제2의 도시로 불릴 만큼 현대적이고 감각적인 시설물들이 즐비해 있는가 하면, 바닷길을 따라 형성된 정겨운 어촌계를 거닐며 바다 내음을 만끽할 수도 있다. 그 안의 사람들은 또 얼마나 정다운가. 물론 순박한 충청도 산골짜기 출신인 나는 부산에 방문할 때마다 느껴지는 특유의 거친 기운에 속수무책으로 해롱대곤하지만, 조금만 적응하면 부산 사람들의 그 시원시원함에 어느새 매료되어버린다.

갈매기 브루잉의 '부산 라거'는 그런 부산의 도시, 자연, 그리고 그 안의 사람과도 닮아있다. 탭을 들어 올려 캔을 따는 순간, 코를 먼저 반기는 향긋하고 트렌디한 홉의 향은 부산의 반짝이는 도시를 떠오르게 한다. 허브와 흙 내음이 지배적인 클래식한 라거와는 분명 대비된다.

또 거기에 맥아의 구수한 단맛이 공존하니 참 정겹기까지 하다. 아, 라거답게 군말 없이 깔끔하게 떨어지는 피니시는 그곳의 사람들과 닮아있다.

어쩐지 부산을 쏙 닮은 이 라거를 만든 사람들이 궁금해 졌고, 또 한 번 주책스럽게 대화를 나눠보았다. 그들은 예상대로 정말 부산에 대한 애정이 남달랐는데, 어쩌면 그 애정이 맥주에 잘 우러난 걸지도 모르겠다.

갈매기 브루잉과의 인터뷰 중 (2024.06.17 진행)

Q. 부산을 갈매기 브루잉의 연고지로 하게 된 이유가 있을까요?

A. 부산은, 외국인인 제게는 마치 또 다른 고향이나 다름없다 생각하고 있습니다. 저는 부산에서 제 20대를 '롯데 자이언츠'와 함께 보냈고, 사랑하는 아내를 만나고, 결혼도 했습니다. 이런 제게 부산이 아닌 다른 곳에서 양조장을 연다는 것은 상상하기 어려운 일입니다.

Q. '부산 라거' 개발 과정에서 가장 중요하게 생각한 부분은 무엇인가요?

A. 쉽게 접근할 수 있지만, 동시에 색다른 맥주를 만들고 싶었습니다. 특유의 쓴 맛에 적응하기에 다소 시간이 필요한 IPA에 비

해, 라거는 이미 전 세계 사람들이 비교적 쉽게 즐기고 있습니다. 저희는 부산라거를 통해 한국의 대중적인 맥주에 필적할 정도로 쓴맛이 낮으면서, 더 강렬한 맥아의 특성과 매력적인 과일향의 홉의 풍미를 가미해 익숙하면서도 색다른 라거를 선보이고자 했습니다. 더 나아가 한국 각 지역만의 소주가 있듯, 부산을 대표하는 자랑스러운 맥주를 만드는 것을 목표로 하였습니다.

맥주를 포함한 대부분의 주류 브랜드는 결국 양조장을 거점으로 한 지역 기반 산업에 속하기 때문에 해당 지역을 대표하는 맥주를 양조해낸다는 것은 어쩌면 모든 크래프트 브루어리들의 목표이자, 꿈일지도 모르겠다. 마찬가지로 갈매기 브루잉 역시 부산을 대표하는 자랑스러운 맥주를 만들고 싶다는 목표를 가지고 있었다. 그리고 그러한 그들의 포부는, 부산 라거 한 캔을 맛보면 누구든 납득할 것이다. 맥주로 지역을 대표하려면 이정도는 해야한다.

물론 부산에 가서 마시면 더할 나위 없이 좋겠지만, 캔맥주가 달리 캔맥주겠나. 어디서든 마시라고 맥주는 캔에 담겼다. 그러니 우리는 갈매기 브루잉이 그려낸 부산을 전국 어디서든 음미할 수 있다. 더욱 많은 사람들이 이 훌륭한 라거를 경험할 수 있도록, 갈매기가 부산을 넘어 전국 방방곡곡을 자유로이 누빌 수 있기를 소망한다.

Interview

크래프트 브루어리 인터뷰
[갈매기 브루잉 Since.2014]

Q. 갈매기 브루잉을 소개해 주세요.

A. 안녕하세요, 갈매기 브루잉의 스티븐 올솝입니다. 부산에서 제대로 된 맥주를 즐길 수 없다는 사실이 아쉬웠던 저를 포함한 여러 사람들이, 2014년에 모여 갈매기 브루잉을 설립하게 되었습니다. 수제맥주 시장의 발전으로 이제 좋은 맥주를 마시기가 어렵지 않은 시대가 되었지만, 갈매기 브루잉은 한 잔을 마시더라도 다채롭고 복합적이며, 동시에 밸런스가 잘 잡힌 맥주를 만들기 위해 노력하고 있습니다.

Q. 부산을 연고지로 하게 된 이유가 있을까요?

A. 부산은, 외국인인 제게는 마치 또 다른 고향이나 다름없다 생각하고 있습니다. 저는 부산에서 제 20대를 '롯데 자이언츠'와 함께 보냈고, 사랑하는 아내를 만나고, 결혼도 했습니다. 이런 제게 부산이 아닌 다른 곳에서 양조장을 연다는 것은 상상하기 어려운 일입니다.

Q. 갈매기 브루잉은 '부산'이라는 지역색을 맥주에 입히는 데 어떤 노력을 하고 있는지 궁금해요.

A. 가장 대표적인 예를 들자면, 저희는 가능한 한 맥주의 디자인에 지역적인 요소를 포함하려고 노력합니다. 갈매기브루잉의 시그니처 맥주인 갈매기IPA에는 부산 하면 떠오르는 '부산 갈매기'에서 이름을 따 만들게 되었고, 많은 분들이 사랑해주시는 '부산라거'에는 부산의 아름다운 건물들을, 그리고 '쥬시해'에는 항구도시를 상징하는 등대가 들어가 있습니다.

Q. 갈매기 IPA(228p 참조)는 그 이름부터 갈매기 브루잉의 대표 맥주라고 생각됩니다. 수많은 맥주 스타일 중에 IPA를 대표 맥주로 개발하신 이유가 있을까요?

A. 저는 IPA라는 맥주를 세상에 처음으로 소개한 '사무엘 올솝'의 머나먼 친척입니다. 그래서인지 모르겠지만, 맥주를 잘 만드는 법을 처음으로 배운 것도 IPA를 통해서였고, 제 스스로도 IPA를 매우 좋아하기도 합니다.

하지만, 갈매기브루잉을 설립하게 된 이유, 그리고 위의 개인적인 이유보다 더 중요하게 생각한 것은 저희가 맥주를 만들 당시에는 한국 그 어디에도 좋은 IPA가 없었기 때문이었습니다. 물론 당시에도 해외의 잘 만든 수입맥주가 수입되고는 있었지만, 비록 잘 만들었다 하더라도 그 맥주가 바다를 건너 한국에 도착하게 되면 만든지 이미 오래된 맥주가 되어버렸고, 신선함이 강점인 IPA에게는 치명적인 단점이라는 생각이 들었습니다. 신선한 IPA를 마시려 한다면 한국에서는 달리 선택지가 없었기 때문에, 저희는 IPA를 갈매기브루잉의 대표 메뉴로 개발하게 되었습니다.

Q. '부산 라거'는 부산을 상징하겠다는 당찬 네이밍이 인상 깊었어요. 그런데 라거는 워낙 대중적인 맥주이기 때문에 오히려 어떤 식으로 차별화를 해서 부산을 상징할 수 있을지 고민이 많으셨을 것 같아요. '부산 라거' 개발 과정에서 가장 중요하게 생각한 부분은 무엇인가요?

A. 쉽게 접근할 수 있지만, 동시에 색다른 맥주를 만들고 싶었습니다.
특유의 쓴 맛에 적응하기에 다소 시간이 필요한 IPA에 비해, 라거는 이미 전 세계 사람들이 비교적 쉽게 즐기고 있습니다. 저희는 부산라거를 통해 한국의 대중적인 맥주에 필적할 정도로 쓴맛이 낮으면서, 더 강렬한 맥아의 특성과 매력적인 과일향의 홉의 풍미를 가미해 익숙하면서도 색다른 라거를 선보이고자 했습니다. 더 나아가 한국 각 지역만의 소주가 있듯, 부산을 대표하는 자랑스러운 맥주를 만드는 것을 목표로 하였습니다.

Q. 갈매기 브루잉이 수제맥주 업계에서 해결하고 싶은 문제가 있나요?

A. 지금의 제게 가장 큰 고민은 맥주 판매 및 유통채널의 확대, 특히 맥주를 온라인으로 판매할 수 없다는 것 입니다. 갈매기브루잉은 엄격한 콜드체인 정책을 시행하고 있다보니, 국내 다수의 소매업체는 저희의 제품을 운반하거나 보관할 수 있는 환경이 제대로 조성되어있지 않은 상황입니다. 이는 부산에서 먼 서울이나 심지어 부산 근처 지역에 사는 사람들도 저희의 맥주를 접하기 어렵게 만들고 있습니다. 사회적 인프라가 매우 잘 조성이 되어있어 연령 확인 절차가 매우 간편하고, 강력하게 구축이 되어있는 이 나라에서, 온라인 판매에 대해 재고해볼 필요가 있다고 생각합니다. 한국의 수제 맥주 문화의 발전을 위해서는 개선이 필요하다고 생각되는 부분입니다.

Q. 갈매기 브루잉의 캔맥주가 사랑받는 가장 큰 이유는 어떤 점이라고 생각하시나요?

A. 세상에는 다양한 맥주 애호가들이 존재한다고 생각합니다. 기네스 외에는 아무것도 마시지 않는 사람들이 있는 반면, (개인적으로는 조금 아쉬운 마음이 있지만) 단순하고 다소 맛이 없는 라거 한 종류만 고수하는 사람들이 있습니다. 만약 갈매기브루잉의 캔맥주를 좋아해 주신다면, 그것은 오롯이 저희 갈매기브루잉의 맥주 맛이 좋기 때문만은 아니라는 생각을 합니다. 비록 그 이유가 업무 상의 출장이었던, 설렘 가득한 여행이었던, 여러분들이 부산에서 즐거운 시간을 보내시고 난 후, 쉽지 않은 일상 속에서 맞이한 '부산의 갈매기브루잉 맥주'가 여러분들에게 부산에서의 행복했던 시간을 떠올리게 해서이지 않을까 합니다. 갈매기브루잉은 언제나 이곳 부산에서, 여러분들을 기다리고 있으니까요

Q. 갈매기 브루잉의 맥주를 '캔맥주'로 즐길 때 가장 맛있게 즐길 수 있는 팁이 있을까요?

A. 캔맥주의 장점 중 하나는 휴대성이라고 생각합니다. 저는 개인적으로 여름 동안 신선한 갈매기IPA를 아이스박스 한 가득 채워 산들바람이 부는 화창한 날 해변으로 가져가 햇빛 아래 휴식을 취하며 마시는 것을 제일 좋아합니다.

그리고 두 번째로 캔맥주의 또 다른 핵심 장점은 생맥주 시스템에 기대지 않고, 다양한 음식과 함께 시도해 볼 수 있다는 것이라고 생각합니다. 개인의 선택지가 이전에 비해 매우 다양해진 만큼, 저희의 개인적 취향을 강요하기보다는 갈매기브루잉의 캔맥주와 함께 다양한 음식을 페어링하며, 각자에게 어울리는 취향을 직접 찾아보시는 것을 추천드려보고자 합니다.

Q. 캔맥주책 독자분들에게 갈매기 브루잉의 캔맥주를 추천한다면 어떤 맥주를 가장 추천하고 그 이유는 무엇일까요?

A. 두 말할 필요 없이 갈매기IPA를 추천드립니다. 수제맥주는 좋아하면 좋아할 수록 여러 맥주를 구매하는 데 드는 비용이 많이 들 수밖에 없게 됩니다. 하지만 갈매기브루잉의 '갈매기IPA'는 저희들의 다른 맥주에 비해 상대적으로 높은 생산 수준으로 자랑스럽게 양조를 해 오고 있기 때문에 가격을 매우 합리적으로 유지할 수 있습니다. 가장 맛있는 맥주가 가격까지 합리적인데, 추천드리지 않을 이유가 있을까요?

Q. 갈매기 브루잉이 올해 창립 10주년으로 알고 있어요. 명실상부 부산을 대표하는 브루어리로 자리매김하게 된 10년이었다고 생각해요. 지난 10년을 회고해 보면 어떤 소회가 드는지, 또 앞으로 다음 10년은 어떻게 계획하고 있는지 갈매기 브루잉이 꿈꾸는 그 미래가 궁금해요. (10주년 축하드려요!)

A. 먼저 저희의 10주년을 축하해주셔서 감사하다는 말씀을 드립니다. 앞으로의 10년 동안 저희는 갈매기브루잉의 제품들을 더욱 널리 알리는 데 초점을 맞추고자 합니다. 그간 저희의 가장 큰 어려움은 적합한 온도에서 냉장보관을 하는 등 수제맥주의 가치를 존중하고 제대로 다루어 주실 소매 파트너를 찾는 것이었습니다. 이런 문제의 해결을 위해 보다 더 많은 소매점들이 콜드체인 방식을 사업장 내에 적용할 수 있도록 다양한 캠페인 활동을 하는 것 또한 저희의 중요한 목표라고 생각하고 있습니다.

그리고, 지난 몇 년 동안 대부분의 맥주 애호가들이 맥주라고 부르기도 민망할 정도의 제품들을 너무나 많이 출시해 왔습니다. 비록 소 잃고 외양간 고치는 격이라 하더라도, 지금이라도 좋은 품질의 맥주들을 만들어 무너져버린 수제맥주의 이미지를 회복하기를 희망합니다. '4캔에 10,000원'이라는 지속 불가능한 가격대의 시장에 수제맥주까지 들어갈 이유는 없다고 생각합니다.

제주 위트 에일
Jeju Wit Ale

- ◆ 한국 Korea
- ◆ 제주맥주 Jeju Beer Company
- ◆ 윗 비어 Wit Bier

제주 거멍 에일
Jeju Geomeong Ale

- ◆ 한국 Korea
- ◆ 제주맥주 Jeju Beer Company
- ◆ 다크 에일 Dark Ale

제주 펠롱 에일
Jeju Pellong Ale

- ◆ 한국 Korea
- ◆ 제주맥주 Jeju Beer Company
- ◆ 페일 에일 Pale Ale

JEJU BEER COMPANY

JEJU WIT ALE

제주 위트 에일

밀맥아 5.8871% 함유
500mL / ALC 5.3%

JEJU BEER COMPANY

JEJU GEOMEONG ALE

제주 거멍 에일

500 mL / ALC 4.3%
DARK ALE

JEJU BEER COMPANY

JEJU PELLONG ALE

제주 펠롱 에일

500mL / ALC 5.5%
PALE ALE

제18캔.
제주맥주(한국)
제주 위트 에일

Alc. 알콜 **IBU.** 쓴맛

5.3% **21**

스타일.
윗 비어(Wit Bier)

제품명:제주 위트 에일 식품유형:맥주 원료명:정제수,보리맥아,밀맥아,호프펠렛,효모,감귤피,코리앤더,건조오렌지껍질, 황산칼슘,염화칼슘,황산아연,이산화탄소

용량 : 500ml

바디감.

● ● ● ○ ○

탄산감.

● ● ● ○ ○

맛과 향.

Sweet   Bitter   Floral   Fruity   Nutty
달큰한   쌉쌀한   향긋한   상큼한   고소한

맥주관적인 기록.

오렌지 껍질이 들어간 벨기에식 밀맥주를 감귤 껍질로 대체해 제주식 밀맥주로 재해석한 맥주.

감귤/오렌지가 가진 씨트러스한 과일 향이 은은하게 느껴진다. 유럽식 밀맥주들이 가진 특유

의 바닐라향이나 정향은 덜한 편이기 때문에 밀맥주의 향이 익숙하지 않은 사람들도 쉽게 즐길

수 있을 만한 맥주. 다른 밀맥주에는 없는 청량함은 덤이다.

Jeju Wit Ale
'제 멋을 제대로 살린 맥주'

귤 껍질 까듯, 캔을 따면

손이 노래지도록 귤 껍질을 까다 보면 가끔씩 귤피에 차 있는 알맹이들이 톡 터지곤 한다. 그때 풍기는 껍질의 향 은 귤 과육이 가진 향과는 미묘하게 다르다. 그 향에 만약 역할이 있다면, 과육을 입에 넣기 전 코를 찌르는 상큼함으 로, 귤이 곧 입에 들어갈 것임을 뇌에 알려서 침이 고이게 하는 것 아닐까. 가끔 그 향을 맡고 싶을 때 제주 위트 에일 을 꺼낸다. 귤 껍질 까듯 캔을 따면 감귤 껍질을 깔 때 나는 그 향이 나는 것만 같다. 침이 고인다.

제주 위트 에일에 감귤 껍질이 들어가는 이유는 캔 하단 에 적힌 문구 'Jeju Wit Ale'에서 알 수 있다. '밀'의 벨기에 식 표기인 'Wit'를 사용하면서 벨기에식 밀 맥주임을 드러 내고 있는데, 벨기에식 밀맥주 'Wit Bier'의 가장 큰 특징 이 '오렌지 껍질'이 들어간다는 것이다. 제주 위트 에일은 이틀 체수맥수스럽게 잘 변봉하여 '제수 감귤 껍질'을 넣어 제주식 벨기에 밀맥주를 양조해냈다. 이런 재치 있는 현지화를 보면 제주 위트 에일에 쓰이는 'Wit'는 재치를 의미하는 '위트(Wit)' 같기도 하다.

물론 이러한 현지화 과정에서, 호불호가 분명하게 갈리는 유럽식 밀맥주 특유의 바나나향(정향)이 눈에 띄게 줄긴 했지만 오히려 그 점이 벨기에식 밀맥주와는 차별화되는 셀링 포인트로 느껴진다. 이탈리아식 진한 에스프레소를 미국에서 현지화해, 아메리카노를 만든 느낌이랄까? 원조의 전통을 살리면서도 현지 타겟의 입맛까지 공략하는데 성공한 제주맥주식 'Wit Bier', 원료부터 맛까지 여러모로 위트 있는 녀석이다.

제 멋대로 만든 맥주

제주 위트 에일을 만든 '제주 맥주'와 원조 위트 에일의 나라 '벨기에'의 닮은 점이 있다면, 맥주를 참 '제멋대로' 만든다는거다. 갑작스럽지만 16세기 유럽으로 가보자. 때는 독일의 빌 헬름 4세가 맥주에 4가지 원료(물, 보리, 효모, 홉)를 제외한 그 어떤 것도 사용하면 안된다는 '독일 맥주 순수령'을 선포한 시절이다. 사실 16세기로 갈 필요도 없는 게, 지금까지도 많은 독일의 양조업자들이 '독일 맥주 순수령'을 지키면서 맥주를 생산하고 있다. 여기서 조금 반항해서, 밀 하나 정도 추가

한 게 독일식 밀맥주, '바이젠'이라고 보면 된다. 물론 이런 엄격한 규제로 전통적인 맛을 지켜내는 방식도 분명 필요하다. 하지만 진화하기 위해선 혁신도 필요한 법이다. 그리고 그 혁신의 중심에 독일의 주변국인 벨기에가 있었다. 벨기에는 과일, 초콜릿, 커피 등 정말 넣을 수 있는 건 다 넣어가면서 '제멋대로' 맥주를 생산해냈고, 벨기에 맥주가 창의적인 이유가 여기에 있다. 맥주를 생산하는 방식을 크게 제한하지 않고, 자신들만의 멋, '제 멋'을 살린 것이다. 제주맥주도 그렇다. 벨기에 밀맥주를 만들겠다더니 오렌지 껍질 대신 제주 감귤 껍질을 냅다 넣어버리는 건 시작에 불과했고 현재까지도 다양한 맥주 라인업에 과일, 초콜릿, 커피를 차례로 넣어가며 신박한 시도를 멈추지 않고 있다. 커피계의 애플로 불리는 블루보틀과의 콜라보로 만들어낸 '커피 맥주'가 한 때 품절대란을 겪기도 했다. 어쩌면 이렇게 제한 없는 창의성으로 맥주를 만들어내는 '제주맥주만의 멋'을 줄여 말해, 그들의 '제 멋'이 된 것 같다.

　보이지 않는 '맥주 순수령'이라도 있던것인지, 라거 공화국이었던 한국의 맥주 문화에 창의성을 불어넣은 제주맥주, 그 시작에 제주 위트 에일이 있다. 마음에 드는 영화감독의 필모그래피를 개봉순으로 따라가며 차근 차근 감상하듯이 제주 위트 에일을 시작으로 제주맥주가 만든 맥주들을 출시일 순으로 하나씩 감미해 나가볼만하다. 그리고 그것이 멈추지 않도록 제주맥주가 앞으로도 '제주맥주만의 멋'을 살려 제멋대로 맥주를 만드는 다양한 시도를 멈추지 않았으면 하는 바람이다.

제19캔.   **Alc.** 알콜   **IBU.** 쓴맛

제주맥주(한국)

제주 펠롱 에일   5.5%   34

스타일.   페일 에일(Pale Ale)

제품명:제주 펠롱 에일   식품유형:맥주   원료명:정제수,보리맥아,호프펠렛,효모,황산칼슘,염화칼슘,황산아연,이산화탄소

용량 : 500ml

바디감.   탄산감.

● ● ● ○ ○   ● ● ● ○ ○

맛과 향.

Sweet	**Bitter**	**Floral**	**Fruity**	Nutty
달큰한	**쌉쌀한**	**향긋한**	**상큼한**	고소한

맥주관적인 기록.

만만하게 보았다가 생각보다 쌉싸름한 맛과 높은 도수에 놀랄 수 있는 아메리칸 페일 에일 스타일의 맥주. 제주맥주스러운 상큼한 향이 느껴지고, 과일 과육의 맛이 아닌, 과일 껍질을 씹는 듯한 향긋 쌉쌀한(?) 맛이 나는 아메리칸 페일 에일 특유의 맛이 매력적이다.

자기주장 강한, 다양한 미국식 홉들의 반짝거림을 입안에서 기분 좋게 느낄 수 있다.

Jeju Pellong Ale
'폭죽 같은 홉의 상쾌한 반짝임'

곶자왈의 상쾌함

제주 펠롱 에일은 다양한 식물들이 조화롭게 어우러진 제주의 신비로운 숲 '곶자왈'에 영감을 받아, 다양한 홉을 조화롭게 블렌딩해 만든 '페일 에일'이다. 페일 에일 중에서도, 아메리칸 페일 에일과 유사하다.

아메리칸 페일에일은 미국식 홉을 사용해 시트러스, 열대 과일, 소나무향이 특징이며 쌉쌀한 맛이 두드러진다. (그에 비해 영국식 페일에일은 유럽식 홉을 사용해 허브향과 고소한 맛이 특징이다.) 제주 에일 생산자 노트의 말을 빌려오자면, 제주 펠롱 에일은 레몬 계열의 시트러스함과 신선한 열대 과일의 아로마, 자연 그대로의 나무와 흙 내음이 어우러진다고하는데, 이는 앞서 언급했던 아메리칸 페일에일의 특징과 매우 유사한 것을 알 수 있다.

확실히 제주 펠롱 에일은 다양한 식물들이 어우러진 곶자왈에 영감을 받은 만큼, 다채롭고 싱그러운 홉을 다량 사용해 도수가 높기도 하고, 제주맥주의 기본 라인업 중에 가장 다양한 맛이 난다. 제주 펠롱 에일의 '펠롱'이 제주어로 '반짝'을 의미한다고 하는데, 정말 다양한 홉의 풍미가 입 안에서 반짝이는 듯한 느낌을 주기도 한다.

또한 아메리칸 페일 에일 특유의 쌉쌀한 맛은, 과일의 '과육'이 아닌 '껍질'을 씹는 듯한 느낌이 드는데 이 맛이 미묘하게 상쾌하다. 비유가 맞을지 모르겠지만 매운탕을 마시면서 '시원하다'고 느끼는 것처럼, 분명 쌉싸름한 맥주를 마시는데, 상쾌하다.

펠롱에일의 상쾌함은 한 모금 머금고 눈을 감으면 제주의 숲에 와있는 느낌이 들기도 한다. 가끔, 바다보다 숲이 생각나는 날이 있다. 시원한 파도 같은 탄산보다, 피톤치드 같이 상쾌한 홉의 향이 생각날 때 주저 없이 한 캔 따기 좋은 맥주다.

제20캔.

제주맥주(한국)

제주 거멍 에일

Alc. 알콜	IBU. 쓴맛
4.3%	16

스타일.　　　　　다크 에일(Dark Ale)

제품명:제주 거멍 에일　식품유형:맥주　원료명:정제
수,보리맥아,밀맥아,호프펠렛,흑보리,효모,황산칼슘,
염화칼슘,황산아연,이산화탄소

용량 : 500ml

바디감.
● ● ● ○ ○

탄산감.
● ● ○ ○ ○

맛과 향.

Sweet 달큰한	Bitter 쌉쌀한	Floral 향긋한	Fruity 상큼한	Nutty 고소한

맥주관적인 기록.

겉은 강해 보이지만 제주맥주 3인방 중 도수가 가장 낮고 쓴 맛도 가장 낮은, 센척하는 맥주.
흑맥주 특유의 탄 맛이 강하지 않고, 밀이 들어가서 그런지 밀맥주의 부드러운 마우스필도 가지
고 있다. 밀 맥아를 적당히 구워 카라멜라이징 된 달큰한 맛도 느껴진다. 전반적으로 풍미는 적
은 편이라 밍밍하다고 느낄 수 있지만 평소 흑맥주 특유의 쓴 맛에 거부감이 들어 데면데면하고
있었다면, 이번 기회에 제주 거멍 에일로 흑맥주와 조금 더 가까워져 보는 것은 어떨까?
잠이 오지 않는 거뭇거뭇 한 밤, 약간의 달콤함과 자극 없는 부드러움이 필요할 때 제주 거멍
에일 한 캔을 꺼내보기로 한다.

Jeju Geomeong Ale
'제주의 부드럽고 달콤한 밤'

'흑보리'와 '흑맥주'의 연관성

보리는 일반 보리 외에도 흑보리, 청보리, 자색보리 등 다양한 품종으로 개량되어 있다. 제주 거멍 에일은 그중에서도 제주산 '흑보리'를 첨가해 만든다라고 캔 측면 하단에 기재되어 있는데, 여기서 자칫하면 '흑맥주'는 '흑보리'를 사용해 만든다고 착각할 수 있다. 하지만 사실 흑보리는 흑맥주와는 큰 관련이 없다. 흑보리를 사용한다고 흑맥주가 나올 것 같으면, 청보리로 만든 맥주는 청맥주가 나와야 한다. 파란색 맥주라니, 다행히도 그럴 일은 없다. 이전의 기네스 파트에서 흑맥주에 대해 다루었듯이, 보통의 흑맥주는 검게 태운 일반 보리를 원료로 한다. 즉, 흑보리를 원료로 해서 흑맥주가 되는 게 아니라, 태워서 까매진 일반 보리를 사용해서 흑맥주가 되는 것이고 그래서 흑맥주는 보통, 보리를 태운 정도에 따라 보리의 난맛 또는 딘맛이 느껴진다. 제주 거멍 에일의 경우 보리의 탄 맛이 강하지 않고 달콤함이 강조되어 있어 로스팅 강도가 그리 강하지 않아 보인다. 기억하자, 여기서 느껴지는 보리의 달콤함은 흑보리여서가 아니라, 로스팅 된 보리가 카라멜라이징되어 나는 달큰한 맛이라는 것을.

제주산 흑보리를 사용한다는 것은 결국 맥주에 흑색을 입히기 위함이 아닌, 제주의 지역 색을 입히기 위함이다. 이렇게 재치있게 지역 원료를 기반으로 양조한 수제 맥주 브루어리가 더욱 많아져 우리나라의 지역 특색이 물씬 담긴 캔맥주를 지금보다 더욱 다채롭게 즐길 수 있는 날이 오기를 바란다.

03

캔맥주 도감

제21캔.

Notre-Dame de Leffe(벨기에)

레페브라운

Alc. 알콜	IBU. 쓴맛
6.5%	20

스타일.

브라운 에일(Brown Ale)

제품명:레페브라운 식품유형:맥주 원료명:정제수,맥아,옥수수,보리,설탕,호프

용량 : 500ml

바디감.

● ● ● ● ○

탄산감.

● ● ○ ○ ○

맛과 향.

Sweet 달큰한	Bitter 쌉쌀한	Floral 향긋한	Fruity 상큼한	**Nutty** 고소한

맥주관적인 기록.

레페브라운은 벨기에의 '노틀담 드 레페' 수도원에서 시작된 맥주로 무려 1240년도부터 양조되기 시작했다. 국내에서는 벨기에 맥주 하면 호가든이나 스텔라를 떠올리곤 하지만, 레페 맥주는 사실상 이들보다 더 전통 깊은 벨기에 맥주라고 볼 수 있다.

흑색의 빛깔에서 예상되는 맛과는 다르게 입을 대는 순간 매력적인 단맛이 입안을 가득 채운다. 적당히 로스팅 된 맥아가 사용되어 단맛이 진해 도수가 높음에도 비교적 쉽게, 거부감 없이 즐길 수 있다.

제22캔.　　　　　　**Alc.** 알콜　**IBU.** 쓴맛

덴 호른 양조장(벨기에)

스텔라 아르투아 **5.0%** **24**

스타일.　　　　　　　필스너(Pilsner)

제품명:스텔라 아르투아　식품유형:맥주　원료명:정제수,맥아,옥수수,호프

용량 : 500ml

바디감.

●　●　○　○　○

탄산감.

●　●　●　◐　○

맛과 향.

Sweet　　　Fruity　Nutty
달큰한　Bitter 쌉쌀한　Floral 향긋한　상큼한　고소한

맥주관적인 기록.

1366년 설립된 벨기에의 덴 호른 양조장에서 1926년 크리스마스 특별판으로 선보인 맥주가

바로 스텔라 아르투아다. 양조장의 운명을 바꿀 정도로 큰 인기를 얻어 특별판에서 정식 제품

으로 출고했고 지금까지 많은 사랑을 받고 있는 맥주!

첫입엔 필스너답게 홉의 쌉쌀함이 올라오고 그 뒤로는 약간의 산미와 곡물의 구수함이 천천히

맴돈다. 무엇보다 과하지 않은 탄산으로 깔끔한 목넘김이 예술인 맥주

제23캔.

파울라너 브루어리(독일)

파울라너 바이스비어

Alc. 알콜	IBU, 쓴맛
5.5%	16

스타일.

헤페 바이젠(Hefe Weizen)

제품명:파울라너 바이스비어 식품유형:맥주 원료명: 정제수,밀맥아,보리맥아,효모,호프

용량 : 500ml

바디감.

● ● ● ○ ○

탄산감.

● ● ● ○ ○

맛과 향.

Sweet 달큰한   **Bitter** 쌉쌀한   **Floral** 향긋한   Fruity 상큼한   Nutty 고소한

맥주관적인 기록.

독일식 밀맥주 중에서도 '헤페 바이젠'에 속하는 파울라너. 헤페 바이젠의 '헤페'는 효모를 뜻하는 독일어로, 효모를 여과하지 않은 맥주를 뜻한다.

파울라너 바이스비어는 진하게 풍겨오는 바나나 향 뒤로 옅은 산미, 쌉쌀함이 느껴진다.

부드러운 질감과 밀맥주치고는 낭랑한 탄산감도 파울라너의 매력 포인트라 할 수 있다.

벨기에식과 달리 밀맥주 본연의 원료를 제외하고는 다른 원료들이 들어가지 않아 지극히 독일스러운 밀맥주의 맛을 볼 수 있다. 딱 밀맥주 본연의 맛과 향에만 집중한 에일!

제24캔.

파울라너 브루어리(독일)

파울라너 바이스비어 둔켈

Alc. 알콜

5.3%

IBU. 쓴맛

-

(미공개)

스타일. 바이스비어 둔켈(Weissbier Dunkel)

제품명:파울라너 바이스비어 둔켈 식품유형:맥주 원료명:정제수,밀맥아,보리맥아,효모,호프

용량 : 500ml

바디감.

● ● ● ○ ○

탄산감.

● ● ○ ○ ○

맛과 향.

Sweet 달콤한	Bitter 쌉쌀한	**Floral** 향긋한	Fruity 상큼한	**Nutty** 고소한

맥주관적인 기록.

둔켈은 독일어로 '다크'를 뜻한다. 즉, '파울라너 둔켈 바이스비어'는 '파울라너 흑 밀맥주'라는 뜻으로, 밀맥주와 흑맥주의 맛이 적절히 섞인 독특한 맛이 인상적이다. 밀맥주의 바나나 향, 정향이 가장 먼저 코를 찌른다.

한입 맛을 보면 크리미한 질감 사이로 달달한 초콜릿 맛이 느껴지고, 그 뒤로는 처음 느꼈던 바나나 향이 다시금 코를 스친다. 코젤다크보다는 묵직하고 기네스보다는 가벼운, 그 중간쯤의 맥주. 맛은 굳이 따지자면 코젤다크와 더 비슷하나, 밀맥주라는 근본이 또 다른 정체성을 부여한다. 차분하고 달달한 흑색 밀맥주가 궁금하다면 꼭 마셔보길 추천한다.

제25캔.

에딩거 바이스 브로이(독일)

에딩거

스타일.

Alc. 일글	IBU. 쓴맛
5.3%	13

바이젠(Weizen)

제품명:에딩거 바이스비어　식품유형:맥주　원료명:정제수, 밀맥아, 보리맥아, 홉스, 효모

용량 : 500ml

바디감.

● ● ● ● ●

탄산감.

● ● ● ○ ○

맛과 향.

Sweet 달큰한	Bitter 쌉쌀한	Floral 향긋한	Fruity 상큼한	Nutty 고소한

맥주관적인 기록.

파울라너와 함께 독일식 밀맥주의 대표주자로 꼽히는 에딩거. 이름에서도 알 수 있듯이 독일의 '에딩' 지역의 로컬 맥주다. 세계에서 가장 큰 밀맥주 양조장에서 만드는 독일 밀맥주로 유명! 다른 독일식 밀맥주에 비해 탄산감이 좋으며 곡물 향보다는 은은한 과일 향, 산미가 느껴지는 맥주로 라거 같은 느낌도, 벨기에식 밀맥주 같은 느낌도 있다. 마실 때마다 새로운 맛이 느껴지는 독특한 맥주! 순하면서도 새로운 향을 찾는 재미가 있어 색다름이 필요할 때 마셔보길 추천한다.

제26캔.

벡스 양조장(독일)

벡스

Alc. 알콜	**IBU.** 쓴맛
5.0%	**21**

스타일.

페일 라거(Pale Lager)

제품명:벡스 식품유형:맥주 원료명:정제수,맥아,이스트,이산화탄소,호프

알미늄

용량 : 500ml

바디감.

● ● ● ○ ○

탄산감.

● ● ● ● ○

맛과 향.

Sweet	**Bitter**	Floral	Fruity	**Nutty**
달큰한	**쌉쌀한**	향긋한	상큼한	**고소한**

맥주관적인 기록.

맥주의 나라, 독일에서 최상위의 인기를 누리고 있는 맥주가 바로, 이 벡스다.

독일의 브레멘에서 처음 제조되었고, 벡스의 외관에 크게 그려진 열쇠 문양도 과거 브레멘을 상징하는 브레멘 주의 문장(紋章)을 표현한 것이다.

벡스는 고소하다 못해 구수~한 곡물의 풍미가 특징으로 후미엔 쌉쌀함이 코끝을 자극하며 깔끔한 끝맺음을 보여준다. 부가물 없이 보리만 사용하는 독일 맥주답게 보리의 단맛도 아주 살짝 느껴진다. 필스너지만 일반적인 페일 라거에 가까운 IBU로, 체코식 필스너의 홉 향이 부담스러울 때 마시기 좋다.

제27캔.	Alc. 알콜	IBU. 쓰맛

브루어리 아이쉬바움(독일)

스팀브루 저먼레드

7.9%   **23**

스타일.   보크(Bock)

제품명:스팀브루 저먼레드 식품유형:맥주 원료명:정제수,보리맥아,호프추출물

용량 : 500ml

바디감.

● ● ● ○ ○

탄산감.

● ● ● ○ ○

맛과 향.

Sweet 달큰한	Bitter 쌉쌀한	Floral 향긋한	Fruity 상큼한	Nutty 고소한

맥주관적인 기록.

독일의 스팀브루 맥주는 총 6종류로, 국내에는 현재 3종류만 수입되고 있다. 이 맥주의 독특한 점은 꽤 디테일한 세계관을 가지고 있다는 것이다. 미래 세계의 생존자들이라는 컨셉으로 저먼레드의 캐릭터는 '스트레인져'라고 부르며 독일 전통 맥주 제조법을 아는 유일한 인물이라는 설정이다. 저먼레드라는 이름답게 이 맥주는 붉은빛을 띠고 있으며 캔맥주로는 거의 볼 수 없는 보크 타입의 라거다. '보크'는 독일 북부 지역에서 유래한 맥주로 도수와 풍미가 높은 것이 특징이다. 스팀브루 저먼레드 역시 7.9%로 높은 도수를 보이며 홉 향은 다소 연하지만 그 외의 곡물 맛, 단맛, 고소함 등은 아주 조화롭게 섞여 차분하게 입안을 맴돈다.

제28캔.

브루어리 아이쉬바움(독일)

스팀브루
임페리얼 스타우트

Alc. 알콜	IBU. 쓴맛
7.5%	23

스타일.

스타우트(Stout)

제품명:스팀브루 임페리얼 스타우트　식품유형:맥주
원료명:정제수,보리맥아,호프추출물

용량 : 500ml

바디감.

● ● ● ◐ ○

탄산감.

● ◐ ○ ○ ○

맛과 향.

Sweet	**Bitter**	Floral	Fruity	**Nutty**
달큰한	**쌉쌀한**	향긋한	상큼한	**고소한**

맥주관적인 기록.

독특한 캐릭터 브랜딩을 펼치는 스팀브루 캔맥주 라인업 중 임페리얼 스타우트를 대표하는 캐릭터는 '더 마스터'로, 금주령이 내려진 세계에서 금주령에 저항하는 인물로 그려진다. 캐릭터와 어울리는 강한 흑맥주 스타일인 '임페리얼 스타우트' 스타일의 맥주로 그 특유의 탄향이 인상적이다. 탄향 뒤로 초콜릿 향보다는 커피 향에 가까운 향이 느껴지며 끝맛엔 약간의 산미와 알콜향을 비롯한 쌉쌀함이 밀려온다. 까만 흙빛의 맥주답게 묵직한 바디감과 조밀한 거품의 부드러움도 이 맥주의 매력이라 할 수 있다.

제29캔.
크롬바커 양조장(독일)

크롬바커 바이젠

Alc. 알콜 **IBU.** 쓴맛

5.3% **16**

스타일.
헤페 바이젠(Hefe Weizen)

제품명:크롬바커 바이젠 식품유형:맥주 원료명:정제수, 밀맥아, 보리맥아, 호프, 호프추출물, 이스트

용량 : 500ml

바디감.
   ● ● ● ● ○

탄산감.
  ● ● ○ ○ ○

맛과 향.

Sweet	Bitter	Floral	Fruity	Nutty
달큰한	쌉쌀한	향긋한	상큼한	고소한

맥주관적인 기록.

그야말로 '독일식 밀맥주의 정석, 바나나 향(정향)이 첫맛부터 끝맛까지 지속적으로 울려 퍼진다. 파울라너 바이스비어보다는 조금 묽고 경쾌한 스타일의 밀맥주.

적당한 탄산감과 크리미한 목 넘김으로 부드럽게 넘어간다. 끝에는 약간의 산미도 함께 느껴져 호불호가 갈리기도 하지만 깔끔한 마무리를 보여준다. 벨기에식 밀맥주보다 담백한 매력을 가진, 독일식 밀맥주에 입문하고 싶다면 크롬바커 바이젠을 추천한다.

제30캔.

부데요비츠키 부드바르 양조장(체코)

부데요비츠키 부드바르

Alc. 알콜 **IBU.** 쓴맛

5.0% 32

스타일.

필스너(Pilsner)

제품명:부데요비츠키 부드바르 식품유형:맥주 원료명:정제수,맥아,홉	
용량 : 500ml	

바디감.

● ● ● ○ ○

탄산감.

● ● ● ● ○

맛과 향.

Sweet 달콘한	**Bitter 쌉쌀한**	**Floral 향긋한**	Fruity 상큼한	**Nutty 고소한**

맥주관적인 기록.

'부드바르 브루어리'는 체코 국가에서 관리하는 유일한 국영 브루어리로, 보장된 재료만을 사용하며 일반 라거보다 긴 90일간의 숙성 과정을 거쳐 더욱 깊이 있는 맛을 보여준다. 특히 보리의 구수한 맛이 진하게 밀려와 입안을 가득 채운다. 체코어인 '부데요비츠키'는 독일어로는 '버드와이저'로, '부데요비츠키 부드바르'는 체코 '부드바이스' 지역의 원조 로컬 맥주다. 이 부드바이스 지역에서 영감을 받은 맥주 양조 기술로 만들어진 미국의 '버드와이저'와 상표권 분쟁 중인 맥주로도 유명하다. 하지만 미국의 버드와이저는 아메리칸 페일 라거, 부드바르는 체코식 필스너로 맛은 전혀 다르니 비교해 보면서 마셔보는 것도 재밌는 경험이 될 수 있다.

제31캔.

필젠스키 프레즈드로이(체코)

코젤다크

Alc. 알콜	**IBU.** 쓴맛
3.8%	**14**

스타일.　　　　　다크 라거(Dark Lager)

제품명:벨코포포빅키 코젤다크　식품유형:맥주　원료
명:정제수,맥아,설탕,호프

용량 : 500ml

바디감.

● ● ● ○ ○

탄산감.

● ● ○ ○ ○

맛과 향.

Sweet	Bitter	Floral	Fruity	Nutty
달큰한	쌉쌀한	향긋한	상큼한	고소한

맥주관적인 기록.

1874년 체코의 벨코포포빅키라는 작은 마을에서 시작된 '코젤'은 체코어로 '염소'를 뜻한다.
캔에도 그려져 있는 염소는 실제 코젤 양조장에 있는 마스코트 염소로, 이름은 '올다'라고...!
국내에서 코젤다크는 시나몬과의 조합으로 유명한데, 이는 사실 국내 도입을 위한 마케팅 수
단이었다. (실제 체코에서 코젤다크를 주문하면 시나몬 가루없이 맥주만 나온다고 하니 당황
하지 말자.) 거품마저 흑색 빛을 띄는 코젤다크는 로스팅 된 맥아의 카라멜향과 달큰한 맛이
특징이며 순하고 부드럽다. 쌉쌀함이 강하지 않기 때문에 자칫 느끼하다고 생각될 수도 있으
나 한번 빠지면 출구 없는 맥주! (특히 겨울이 성큼 다가온 늦가을쯤 마셔보길)

제32캔.

필젠스키 프레즈드로이(체코)

코젤화이트

Alc. 알콜 **IBU.** 쓴맛

3.5% **—** (미공개)

스타일. 라거(Lager)

제품명:벨코포포빅키 코젤화이트 식품유형:맥주
원료명:정제수,보리맥아,유화제,합성향료,호프

♻ 캔류
알미늄

용량 : 500ml

바디감.

● ● ○ ○ ○

탄산감.

● ● ● ○ ○

맛과 향.

Sweet	Bitter	**Floral**	**Fruity**	Nutty
달큰한	쌉쌀한	**향긋한**	**상큼한**	고소한

맥주관적인 기록.

2023년 4월 13일 첫 출시된 코젤의 신작, 코젤화이트! 더욱이 국내에서 세계 최초로 출시했다

고 한다. 코젤화이트는 들이마시는 순간 아, 여름이다! 싶은 캔맥주로 첫맛은 향긋한 과일 향

이 물씬 풍기며 가볍고 청량한 끝맛으로 마무리된다.

라거에 해당하는 맥주이지만, 에일의 느낌도 함께 가지고 있어 부드럽게, 부담 없이 넘어간다.

무엇보다 도수가 3.5도로 매우 낮아, 술린이들의 취향을 저격할만한 맥주다.

캔의 상단에 "Kozel Brewmaster Brewed For Korea'라고 적혀 있을 만큼, 국내 소비자를

겨냥한 캔맥주라는 점에서 한 번쯤 마셔보길 추천!

제33캔.

칼텐하우젠 양조장(오스트리아)

에델바이스

Alc. 악콜

4.9%

IBU. 쓴맛

9.0

스타일.

윗 비어(Wit Bier)

제품명:에델바이스 식품유형:맥주 원료명:정제수,밀
맥아,보리맥아,포도당과당시럽,합성향료(박하향,엘더
플라워향),효모,호프,호프 추출물

용량 : 500ml

바디감.

● ● ● ● ○

탄산감.

● ● ○ ○ ○

맛과 향.

Sweet	Bitter	Floral	Fruity	Nutty
달큰한	쌉쌀한	향긋한	상큼한	고소한

맥주관적인 기록.

오스트리아 출신 밀맥주로 알프스산맥 아래 위치한 잘츠부르크에서 만들어졌다.

알프스산맥의 깨끗한 물과 마운틴 허브가 들어가 산뜻한 맥주!

에델바이스는 블랑이나 호가든 등 다른 윗비어에는 없는 특유의 '상쾌함'이 있다.

이 차이는 박하향이 들어간 것에서 기인하는데, 이런 방식으로 알프스 산맥의 상쾌함을 표현
한 재치가 재미있다. 상쾌한 바람이 필요한 순간엔 에델바이스 한 캔 마셔보자. 멜론을 안주로
곁들이면 그 산뜻함이 배가 되는 경험을 할 수 있다.

제34캔.

세인트 제임스 게이트 양조장(아일랜드)

흡하우스
13 라거

Alc. 알콜

IBU. 쓴맛

5%

–
(미공개)

스타일. 라거(Lager)

제품명:흡하우스 13 라거 식품유형:맥주 원료명:정제수,맥아,볶은보리,호프,효모,탄산가스

♻ 캔유
알미늄

용량 : 500ml

BREWED IN IRELAND

바디감.

● ● ○ ○ ○

탄산감.

● ● ● ◐ ○

맛과 향.

Sweet
달콤한

Bitter
쌉쌀한

Floral
향긋한

Fruity
상큼한

Nutty
고소한

맥주관적인 기록.

홉 향과 라거의 청량함, 두 마리 토끼를 모두 잡은 맥주. 은은한 복숭아, 살구와 같은 과일 향도
함께 느껴져 에일 같은 매력도 느낄 수 있다. 끝맛엔 약간의 쌉쌀함도 풍겨온다. 라거는 너무
가볍고, 에일은 너무 부담될 때 딱 마시기 좋은 맥주로 국내에서도 꽤 두터운 마니아층을 보유
하고 있다. 청량함은 유지하면서 적당한 풍미도 느끼고 싶을 때 이 흡하우스 13 라거를 추천한
다. 무려 '기네스'를 만든 아일랜드의 유서깊은 브루어리에서 만든 라거답게, 그 맛은 기대할만
하다.

제35캔. | **Alc.** 알콜 | **IBU.** 쓴맛

페로니 양조장(이탈리아)

페로니
나스트라즈로

5.1%   **24**

스타일.   페일 라거(Pale Lager)

제품명:페로니 나스트라즈로 식품유형:맥주 원료명:
정제수,맥아,옥수수,호프펠렛,호프 추출물

용량 : 500ml

바디감.

● ◑ ○ ○ ○

탄산감.

● ● ● ○ ○

맛과 향.

Sweet	**Bitter**	Floral	Fruity	**Nutty**
달큰한	**쌉쌀한**	향긋한	상큼한	**고소한**

맥주관적인 기록.

1846년 설립된 페로니 양조장의 라거. 이탈리아를 대표하는 라거 중 하나로 옥수수가 들어가
옅은 고소함이 느껴지고 맛과 향은 전체적으로 가볍다. 청량감이 좋아 가볍게 마실 수 있으며
끝 맛엔 약간의 산미와 쌉쌀함이 올라와 군더더기 없이 깔끔하게 맛을 잡아준다. 이탈리아 맥
주답게 피자, 파스타 같은 묵직한 탄수화물 안주와 잘 어울릴 만한 가볍고 청량한 맥주!

제36캔.

크로넨버그 양조장(프랑스)
1664블랑

Alc. 알콜	IBU. 쓴맛
5.0%	7.0

스타일.

윗 비어(Wit Bier)

제품명:1664블랑   식품유형:맥주   원료명:정제수,맥아,밀,글루코오스 시럽,합성향료(카라멜향),호프추출물,오렌지껍질,고수,시트러스 향

용량 : 500ml

바디감.

● ● ● ● ○

탄산감.

● ● ○ ○ ○

맛과 향.

Sweet	Bitter	**Floral**	**Fruity**	Nutty
달콤한	쌉쌀한	**향긋한**	**상큼한**	고소한

맥주관적인 기록.

'1664블랑'을 만든 크로넨버그는 프랑스의 맥주 회사다. 와인의 나라로 불리는 프랑스에서 시작된 맥주 회사라니 조금 생소한데, 나름 1664년 설립된 아주 유서 깊은 맥주 회사다. (현재는 칼스버그 소속). 제품명에 기재된 양조장의 설립 연도 '1664' 덕에 맥주계의 고조할아버지 취급을 받지만, 사실 크로넨버그에서 2006년에 새롭게 출시한 30살도 안된 젊은 밀맥주로, 벨기에식이다. 꽃향기가 물씬 풍기며 코와 입을 자극한다. 조금 인위적인 느낌도 드는 강한 꽃향기에 호볼호가 갈리기도 하지만 크리미할 정도로 부드러운 목 넘김은 분명히 매력적이다. 별다른 안주 없이, 위에 부담 없이 맥주 한 캔 하고 싶을 때 블랑을 추천한다.

제37캔.

세르베자르 알함브라 (스페인)

알함브라
라거 싱귤러

Alc. 알콜   **IBU.** 쓴맛

5.4%   23

스타일.
페일 라거(Pale Lager)

제품명:알함브라 라거 싱귤러 식품유형:맥주 원료명:
정제수,맥아,옥수수,홉

용량 : 500ml

바디감.

● ● ○ ○ ○

탄산감.

● ● ● ○ ○

맛과 향.

Sweet
달큰한

Bitter
쌉쌀한

Floral
향긋한

Fruity
상큼한

Nutty
고소한

맥주관적인 기록.

스페인 그라나다 출신의 맥주로, 그라나다의 알함브라 궁전에서 이름을 따왔다.

과일, 아로마의 달콤한 향과 홉의 풀 향, 쌉싸름함을 동시에 가진 균형이 좋은 라거 중 하나!

부가물(옥수수)이 들어간 라거답게 맥아의 풍미는 적지만 목넘김은 부드럽다. 또 낮지 않은 도

수의 라거로 마냥 가벼운 스타일은 아니다. 보리의 풍미가 적은데도 불구하고 도수는 높아 알

콜향이 느껴지도록 설계되어 있다.

제38캔.

칼스버그 양조장(덴마크)

칼스버그

Alc. 알콜

5.0%

IBU. 쓴맛

8

스타일.

필스너(Pilsner)

제품명:칼스버그 대니쉬 필스너 식품유형:맥주 원료명:정제수,맥아,홉

용량 : 500ml

바디감.

● ● ○ ○ ○

탄산감.

● ● ● ◐ ○

맛과 향.

Sweet
달큰한

Bitter
쌉쌀한

Floral
향긋한

Fruity
상큼한

Nutty
고소한

맥주관적인 기록.

덴마크에서 오래된 맥주 중 하나인 칼스버그는 필스너임에도 부담스럽지 않은 쌉쌀함으로 페일라거에 가까운 맛을 가지고 있다. 필스너 우르켈의 홉 향이 과하게 느껴졌다면 이 칼스버그가 좋은 대안이 될 수 있다!

추가로 칼스버그는 현대 라거의 아버지(the father of quality lager beer)로 불리는데, 국내 라거들을 포함한 현존 하는 수많은 라거에 칼스버그가 개발한 '칼스버그 효모'가 들어가기 때문. 맥주의 장기 보관, 품질 균일화를 가능하게 한 이 혁신적인 효모를 개발하고서는 다른 맥주 회사들에 무상으로 제공했다니, 라거를 좋아한다면 칼스버그에 경의를 표하도록 하자!

제39캔.

구스아일랜드 비어 컴퍼니(미국)

312 어반 위트에일

Alc. 알콜	**IBU.** 쓴맛
4.2%	18

스타일. 위트 에일(Wheat Ale)

제품명:구스아일랜드 312 식품유형:맥주 원료명:정제수, 맥아, 밀맥아, 호프펠렛, 효모, 산도조절제, 영양강화제3종

캔유 알미늄

용량 : 473ml

바디감.

   ○ ○

탄산감.

   ○ ○

맛과 향.

Sweet 달큰한	Bitter 쌉쌀한	Floral 향긋한	Fruity 상큼한	Nutty 고소한

맥주관적인 기록.

구스아일랜드의 위트 에일은 보편적인 '밀맥주'의 맛과는 사뭇 다르다. 독일식 바이젠 효모가 아닌, 아메리칸 에일 효모로 발효되어서 정향, 바닐라향이 없다. 또 벨기에식 처럼 오렌지 껍질과 코리앤더가 함유 되어 있지도 않아서 대단히 시트러스하지도 않다. 이 노란색 거위는 독일식도 벨기에식도 아닌, 상대적으로 가볍게 즐길 수 있는 스타일의 미국식 밀맥주 '아메리칸 윗 비어'다. 밀 함량도 독일, 벨기에식에 비해 낮아 라거를 마시는 듯 하다. 바이젠이 겨울에 생각나는 포근한 밀맥주라면, 아메리칸 윗 비어는 밀맥주의 '여름화'라고 할까? 밀맥주의 부드러운 마우스필과 라거의 가벼움이 공존하고, 옅은 시트러스함이 지루하지 않게 피니시를 잡아준다.

제40캔.

구스아일랜드 비어 컴퍼니(미국)

구스아일랜드 IPA

Alc. 알콜 **5.9%**

IBU. 쓴맛 **55**

스타일.

아이피에이(IPA)

제품명:구스아일랜드 아이피에이 식품유형:맥주 원료명:정제수,맥아,호프펠렛,효모,영양강화제3종,산도조절제,이산화탄소

용량 : 473ml

바디감.

● ● ● ○ ○

탄산감.

● ● ● ◐ ○

맛과 향.

| Sweet 달콤한 | Bitter 쌉쌀한 | Floral 향긋한 | Fruity 상큼한 | Nutty 고소한 |

맥주관적인 기록.

IPA 명가, 구스아일랜드의 대표적인 캔맥주.

그 명성에 걸맞게 아주 강한 홉 향과 쌉쌀함이 특징이다. 무려 4종류의 홉이 들어가 캔맥주 중에서 IBU 수치(쓴 맛의 정도)는 단연 최상위권이다. 쌉쌀함에 익숙해질 때쯤 약간의 오렌지 향도 은밀하게 느껴진다. 허브, 송진이 느껴지는 끝처리는 아주 깔끔하다. 향과 맛이 아주 강렬하기 때문에 매운 음식과의 조화도 추천할 만하다.

제41캔.

Sandlot 양조장(미국)

블루문

Alc. 알콜 **5.4%**

IBU. 쓴맛 **9.0**

스타일.

윗 비어(Wit Bier)

제품명:블루문　식품유형:맥주　원료명:정제수,보리맥아,밀맥아,귀리,오렌지껍질,고수,호프,효모

용량 : 500ml

바디감.

● ● ● ○ ○

탄산감.

● ● ○ ○ ○ ○

맛과 향.

| Sweet 달큰한 | Bitter 쌉쌀한 | **Floral 향긋한** | **Fruity 상큼한** | Nutty 고소한 |

맥주관적인 기록.

오렌지 향이 인상적인 블루문. 맛보다는 향으로 달달한 오렌지가 느껴지는 깔끔한 밀맥주로

오렌지 향이 사라질 때쯤 홉의 풀 향이 미묘하게 풍겨온다.

밀맥주답게 목 넘김은 역시 부드럽지만, 처음엔 탄산의 거친 느낌도 함께 느껴진다.

오렌지의 상큼함과 홉 특유의 풀 향이 함께 밀려와 불량과 호가든을 적절히 섞은 것 같은 맥주.

P.S. '블루문'은 한 달에 두 번 보름달이 뜰 때가 있는데, 그중 두 번째 뜨는 보름달을 말한다.

블루문 맥주를 처음 시음한 직원이 '블루문처럼 희귀한 맛'이라고 한 것이 이 맥주 이름의 유래

라고.

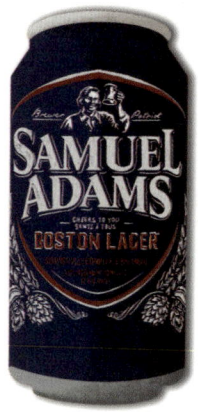

제42캔.	Alc. 알콜	IBU. 쓴맛
보스턴 비어컴퍼니(미국)		
사무엘 아담스	**4.8%**	**30**

스타일.　　　　엠버 라거(Amber Lager)

제품명:사무엘 아담스　식품유형:맥주　원료명:물,맥
아,호프,이스트

용량 : 473ml

바디감.

● ● ◑ ○ ○

탄산감.

● ● ● ○ ○

맛과 향.

Sweet	**Bitter**	Floral	Fruity	**Nutty**
달콤한	**쌉쌀한**	향긋한	상큼한	**고소한**

맥**주관적인 기록.**

미국 독립운동의 영웅인 사무엘 아담스의 이름을 본떠 만든 맥주로, 미국에서 두 번째로 규모가
큰 크래프트 맥주 회사 보스턴 비어컴퍼니에서 출시했다. 사무엘 아담스는 엠버 라거 특유의 진
한 보리 향을 시작으로 달큰한 맛이 올라온다. 끝에는 고소함과 함께 쌉쌀함이 한 스푼 곁들여
져 풍미 좋은 깔끔함을 느낄 수 있다. 홉아우스 13 라거는 과일 향이 특징이라면, 사무엘 아담
스는 고소한 곡물의 맛이 주된 특징인 라거.

제43캔.

코나 브루잉 컴퍼니(하와이)

롱보드

Alc. 알콜	**IBU.** 쓴맛
4.6%	**20**

스타일.　　　　　　　　페일 라거(Pale Lager)

제품명:롱보드 아일랜드 라거　식품유형:맥주　원료명:
정제수,맥아,홉,효모

용량 : 473ml

바디감.

● ● ○ ○ ○

탄산감.

● ● ● ○ ○

맛과 향.

Sweet 달큰한	**Bitter** 쌉쌀한	**Floral** 향긋한	**Fruity** 상큼한	**Nutty** 고소한

맥주관적인 기록.

'빅웨이브'와 같은 회사, 코나 브루잉 컴퍼니에서 출시한 맥주 '롱보드 아일랜드 라거'. 캔 뒷면
에 부드러운 라거라는 설명이 있는데, 그 설명에 걸맞게 굉장히 부드러운 목 넘김을 선사한다.
맛은 곡물의 고소함이 처음부터 끝까지 여운 있게 이어진다. 그래서일까, 쨍한 햇빛을 받으며
벌컥벌컥 마실 라거라는 느낌은 들지 않는다. 오히려 선선한 저녁에 노을을 즐기며 음미하기
좋은 라거랄까. 오히려 에일 맥주인 빅웨이브가 청량감은 더 좋다고 느껴진다. 캔의 외관도 이
둘의 맛을 고려하여 빅웨이브는 청량한 하늘빛, 롱보드는 해 질 녘의 해변으로 표현한 건 아닐
까. 빅웨이브와 함께 그 맛을 비교하며 하와이의 낮과 저녁을 동시에 느껴보는 것도 재밌겠다.

제44캔.

브루클린 브루어리(미국)

브루클린
필스너

Alc. 알콜	**IBU.** 쓴맛
4.6%	– (미공개)

스타일.

필스너(Pilsner)

제품명:브루클린 필스너 식품유형:맥주 원료명:정제수,보리맥아,호프

용량 : 500ml

바디감.

● ● ○ ○ ○

탄산감.

● ● ● ● ●

맛과 향.

Sweet 달큰한	Bitter 쌉쌀한	Floral 향긋한	Fruity 상큼한	Nutty 고소한

맥주관적인 기록.

MZ세대 필스너가 있다면 이런 느낌일까? 홉이 가진 상쾌한 향의 자기주장이 강하고, 일반적인 독일 필스너보다 탄산이 강해, 느슨해진 필스너 계에 긴장감을 주기 위해 나타난 초신성 같은 느낌. 끝에 느껴지는 필스너 특유의 쌉쌀한 맛으로 떨어지는 깔끔한 피니시가 매력적이다. 유럽식 필스너가 가진 맥아의 묵직함은 확실히 덜하기 때문에 상대적으로 가볍게 마실 수 있는데, 가벼운 라거에 익숙한 우리나라 사람들은 유럽식 필스너보다 가벼운 브루클린 필스너에 더 큰 매력을 느낄 수 있다. 상쾌하고 크리스피한 필스너가 필요할 때 주저 없이 고를 만한 미국식 필스너!

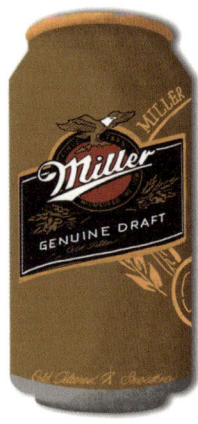

제45캔.

밀러 브루잉 컴퍼니(미국)

밀러

Alc. 알콜

4.7%

IBU. 쓴맛

12

스타일.

페일 라거(Pale Lager)

제품명:밀러 제뉴인 드래프트 식품유형:맥주 원료명:
정제수,보리맥아,옥수수시럽,호프,효모

용량 : 500ml

바디감.

● ◑ ○ ○ ○

탄산감.

● ● ● ◑ ○

맛과 향.

Sweet 달큰한	**Bitter** 쌉쌀한	**Floral** 향긋한	**Fruity** 상큼한	**Nutty** 고소한

맥주관적인 기록.

미국의 대표적인 맥주 중 하나인 '밀러 제뉴인 드래프트'. 밀러로 불리는 이 맥주의 이름 뒤에 붙
은 '제뉴인 드래프트'는 '진짜 생맥주'를 의미하는데, 그 의미답게 살균 열 처리를 별도로 거치지
않은 대신 4번의 필터링을 통해 효모를 걸러냈다. 4번이나 필터링을 한 맥주답게 부드러운 목
넘김이 특징이며 옥수수 시럽이 들어가 달큰하면서도 고소한 맛이 주를 이룬다. 버드와이저와
비슷한 느낌이나 버드와이저는 입자 큰 거품의 톡 쏘는 느낌에 가깝다면 밀러는 부드러운 거품
으로 스무스한 목 넘김이 특징이다.

제46캔.　　　　**Alc.** 알콜　**IBU.** 쓴맛

몰슨 양조장(캐나다)
몰슨 캐네디언　　4.0%　　15

스타일.　　　　페일 라거(Pale Lager)

제품명:몰슨 캐네디언　식품유형:맥주　원료명:정제수,
보리맥아, 밀,보리,글루코오스 시럽,호프,합성호프향

용량 : 500ml

바디감.　　　　　　　**탄산감.**

● ○ ○ ○ ○　　　　● ● ● ○

맛과 향.

| Sweet | Bitter | Floral | Fruity | **Nutty** |
| 달큰한 | 쌉쌀한 | 향긋한 | 상큼한 | **고소한** |

맥주관적인 기록.

캐나다에서 가장 인지도가 높은 맥주로, 국내에서는 작년 2월 첫 출시 됐다.

제조 과정에서 보존제를 사용하지 않는다는 특징을 가진다. 단풍국의 아이덴티티가 물씬 묻어
있는 패키지 디자인으로, 괜히 단풍이 가득한 가을에 마시고 싶어지는 캔맥주. 가볍고 청량감
좋은, 무난한 라거 스타일이고, 도수가 4도로 꽤 낮아 술에 금방 취하는 친구가 있다면 소개 시
켜줄 수 있는 순한 맥주!

제47캔.   **Alc.** 알콜   **IBU.** 쓴맛

cerveceria y malteria quilmes(아르헨티나)

파타고니아   4.2%   10
바이세

스타일.   윗 비어(Wit Bier)

제품명:파타고니아 바이스   식품유형:맥주   원료명:정
제수,보리맥아,옥수수,밀맥아,홉,고수씨앗,오렌지껍
질,효모

                    용량 : 500ml

바디감.   ## 탄산감.

 ◐ ○ ○   ● ● ● ○ ○

맛과 향.

Sweet	Bitter	Floral	Fruity	Nutty
달큰한	쌉쌀한	향긋한	상큼한	고소한

맥주관적인 기록.

국내에 최초로 수입된 남미 맥주인 파타고니아 바이세. 의류 브랜드 '파타고니아'에서 출시한
맥주로 오해할 수 있으나, 엄연히 다른 기업이다.

호가든처럼 고수 씨앗과 오렌지 껍질이 들어가 있으나 파타고니아 바이세의 맛은 조금 더 단순
하다. 쌉쌀함, 곡물의 향은 미미하고, 상큼한 맛이 극대화되어 있다. 도수가 4.2도로 순한 편이
기 때문에 이런 단순한 향긋함을 온전히 즐길 수 있는 듯하다.

쉽게 접할 수 없는 아르헨티나산 밀과 홉으로 만든 맥주라는 것도 재밌는 포인트!

제48캔.

볼파스엔젤맨 스튜디오(리투아니아)

볼파스·엔젤맨
NEIPA

Alc. 알콜	IBU. 쓴맛
5.0%	35

스타일. 뉴잉글랜드 아이피에이(NEIPA)

제품명:볼파스 엔젤맨 뉴잉글랜드 아이피에이 식품유형:맥주 원료명:정제수,보리맥아,밀맥아,귀리맥아,귀리,호프,효모

용량 : 500ml

바디감.

● ● ● ● ○

탄산감.

● ● ● ○ ○

맛과 향.

Sweet
달큰한

Bitter
쌉쌀한

Floral
향긋한

Fruity
상큼한

Nutty
고소한

맥주관적인 기록.

2010년대 중반에 혜성처럼 등장한 '뉴잉글랜드 IPA'는 비교적 최근 만들어진 맥주 스타일답게 그 개성이 명확하다. 볼파스엔젤맨 NEIPA는 그런 뉴잉글랜드IPA 명칭을 사용하는 캔맥주치고는 그 개성이 옅다. 홉의 향과 맛이 강렬한 수준은 아니고, IPA와 세션IPA 사이 정도의 시트러스함이 느껴진다. 귀리를 넣어 바디감이 있는 점은 기존 IPA와 조금 다른 점이라고 볼 수 있겠다. 홉의 양이 기존 IPA보다 많게는 10배를 더 넣어 만들어지는 뉴잉글랜드 IPA를 기대하면 실망할 수 있지만, 사실 이 가격대 캔맥주에 그 정도 원재료를 첨가하길 바라는 것은 욕심이다. IPA향은 느끼고 싶지만 과한 쓴맛은 원치 않을 때 마시기 좋은, 바디감 괜찮은 IPA 쯤으로 정리하자.

제49캔.
볼파스엔젤맨 스튜디오(리투아니아)

볼파스•엔젤맨 호피라거

	Alc. 알콜	IBU. 쓴맛
	5.5%	25

스타일.   아이피엘(IPL)

제품명:볼파스엔젤맨 호피 라거   식품유형:맥주   원료명:정제수,보리맥아,볶은 보리맥아,호프

용량 : 500ml

바디감.

● ● ● ○ ○

탄산감.

● ● ● ○ ○

맛과 향.

Sweet	Bitter	Floral	Fruity	Nutty
달큰한	쌉쌀한	향긋한	상큼한	고소한

맥주관적인 기록.

최근 새로운 맥주 스타일로 떠오르고 있는 홉 향 강한 에일 같은 라거, IPL(Indian Pale Lager).
볼파스엔젤맨 호피 라거도 이 대세를 따른 홉 향 강한 라거다. 홉을 기존 라거의 2배 이상 넣어
서 그만큼 홉의 쌉쌀함과 꽃향기가 복합적으로 밀려온다. 국내의 순한, 구수한 라거를 기대하
고 마신다면 '이거 뭔가 이상한데..?'라고 생각할 수도. 특이하게 '볶은 보리맥아'를 사용했는데
이 때문에 캐러멜라이징 된 보리의 단맛이 느껴지고, 맥주의 색 또한 갈색에 가까운 색을 띤다.
맛과 향뿐만 아니라 디자인 측면에서도 독특한 맥주로, 작품 한 점이라고 해도 무방할 패키지
디자인에, 상단에는 금박의 커버가 씌워져 있어 고급스러움을 한층 자아낸다.

제50캔. ———— **Alc.** 알콜 **IBU.** 쓴맛

파머스맥주(한국)
한옥마을에일 4.5% **–**
(미공개)

스타일. 헤페 바이젠(Hefe Weizen)

제품명:한옥마을에일 식품유형:맥주 원료명:정제수,
보리맥아,쌀,밀맥아,호프펠렛,효모,이산화탄소

용량 : 500ml

바디감. ———— **탄산감.** ————

● ● ● ○ ○   ● ● ● ○ ○

맛과 향. ————

 Sweet
달큰한   **Bitter**
쌉쌀한   **Floral**
향긋한   **Fruity**
상큼한   **Nutty**
고소한

맥주관적인 기록.

독일식 헤페 바이젠을 한국식으로 재해석한 맥주. 헤페 바이젠답게 효모가 몽글몽글하게 살아
있다. 한국식으로 해석하는 과정에서 바디감은 독일식에 비해 다소 떨어졌지만, 그만큼 가볍게
마실 수 있다는 장점이 있다. 한옥마을 에일이라는 지극히 한국스러운 네이밍답게, '국내산 쌀'
이 들어간 점이 특징이다. 쌀이 들어가 보리 맥아의 향은 강하지는 않은 편이며 바이젠의 바나
나 향은 적당하게 나는 편이라, 한국식 술안주에 어색하지 않게 어울릴 수 있는 헤페 바이젠이
라는 생각이 든다.

제51캔.

롯데칠성음료(한국)

클라우드

Alc. 알콜

5.0%

IBU. 쓴맛

-
(미공개)

스타일.

페일 라거(Pale Lager)

제품명:클라우드 식품유형:맥주 원료명:정제수,맥아,
효모,호프펠렛,호프즙,산도조절제,효모 영양강화제,효
소제

용량 : 500ml

바디감.

● ● ○ ○ ○

탄산감.

● ● ● ○ ○

맛과 향.

Sweet	Bitter	Floral	Fruity	Nutty
달큰한	쌉쌀한	향긋한	상큼한	고소한

맥주관적인 기록.

출시 당시 '물 타지 않은 맥주'라는 광고 카피 한 줄로, 졸지에 다른 맥주들은 물을 타서 밍밍할
것 같이 만들어버렸다. 당시 국내 라거 중 유일하게 양조 과정 마지막에 물을 추가로 타지 않는
'오리지널 그래비티 공법'을 사용했다. 도수를 맞추기 위해 마지막에 물을 타는 '하이 그래비티
공법'에 비해 맥주의 향을 보존하는데 유리하다는 전문가들의 의견이 있지만, 공법이야 어찌
됐든 맛이 중요하다. 올 몰트 비어 특유의 맥아 향과 약간의 단맛이 느껴지고, 구수함까진 아니
지만 보리의 진한 맛이 부가물 라거에 비해 좋은 편. 시원하고 청량한 한국식 라거에서 보리 맛
을 조금 더 느끼고 싶을 때 마시면 좋을 맥주!

제52캔.　　　　**Alc.** 알콜　**IBU.** 쓴맛

오비 맥주(한국)

오비 라거　　4.6%　　－
　　　　　　　　　　　　　　　　(미공개)

스타일.　　　　　　페일 라거(Pale Lager)

제품명:오비라거　식품유형:맥주　원료명:정제수,맥아,
호프펠렛,호프추출물,산도조절제,효소제,영양강화제,
효모영양원

♻ 전류
　 알마늄　　　　　　　　**용량 : 500ml**

바디감.

● ● ○ ○ ○

탄산감.

● ● ● ◐ ○

맛과 향.

Sweet	Bitter	Floral	Fruity	**Nutty**
달큰한	쌉쌀한	향긋한	상큼한	**고소한**

맥**주관적인 기록.**

당장이라도 구운 노가리를 꺼내야 할 것 같은 비주얼의 오비 라거. 캔을 드는 순간, 가본 적도

없는 과거를 경험하는 것 같은 레트로한 디자인의 오비 라거는 맥주의 맛마저도 레트로하다.

그 시절의 구수함을 담아낸 것만 같은 보리의 향이 캔을 따자마자 풍겨온다.

부가물을 넣지 않아, 맥아의 맛이 온전히 느껴지고, 홉의 쓴맛은 잘 느껴지지 않기 때문에 우리

나라 라거 중에서는 호불호가 가장 갈리지 않을만한 맥주다.

제53캔.

맥파이 브루어리(한국)

봄마실

Alc. 알콜	**IBU.** 쓴맛
5.0%	20

스타일.

세종(Saison)

제품명:봄마실 식품유형:맥주 원료명:정제수,호프펠렛,효모,보리맥아,밀맥아,귀리플레이트,후추(핑크후추),산초,산도조절제,영양강화제,이산화탄소

용량 : 500ml

바디감.

● ● ● ○ ○

탄산감.

● ● ● ● ○

맛과 향.

Sweet	Bitter	**Floral**	Fruity	**Nutty**
달큰한	쌉쌀한	**향긋한**	상큼한	**고소한**

맥주관적인 기록.

비발디가 음악으로 사계절을 표현했듯, 맥파이 브루어리는 맥주로 사계절을 표현했다. 우리나라만큼 사계절이 뚜렷한 나라도 없다. 맥주를 4번에 걸쳐 다르게 감상할 수 있다는 말이다. 맥파이만의 관점으로 해석한 사계절의 시작, '봄 마실'의 타입은 '세종'이다.

캔 외관만 보고 봄의 꽃처럼 플로럴하고 화사한 홉을 다량 사용해 만들었을 것 같다는 생각을 했지만 역시 그렇게 단순하게 봄을 표현하지는 않았다. 독특하게 핑크후추와 산초를 사용해 화한 맛을 구현했는데, 마셔보면 '아, 이렇게도 화사한 봄을 표현할 수 있구나'하는 생각이 절로 들 정도로 그 재치가 흥미로웠다. 세종 특유의 경쾌한 탄산까지 더해져한 캔 들고 밖을 나서면봄마실이한층 즐거워질 것만 같다.

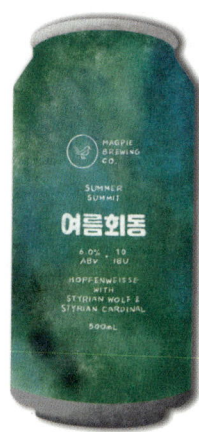

제54캔.

맥파이 브루어리(한국)

여름회동

Alc. 알콜 **IBU.** 쓴맛

6% **10**

스타일. 호펜 바이세(Hopfen Weisse)

제품명:여름회동(Summer Summit) 식품유형:맥주
원료명:정제수,보리맥아,밀맥아,호프펠렛,효모,산도조
절제,영양강화제,이산화탄소

용량 : 500ml

바디감.
● ● ● ○ ○

탄산감.
● ● ○ ○ ○ ○

맛과 향.

Sweet	Bitter	Floral	**Fruity**	Nutty
달콤한	쌉쌀한	향긋한	상큼한	고소한

맥주관적인 기록.

생소한 스타일인 '호펜 바이세'는 '홉 향이 강조된 독일식 밀맥주'라는 뜻으로, IPA의 홉 향과
바이젠의 부드러움이 합해진 맥주라고 할 수 있다. IPA와 바이젠의 장점만 조합한 맥주인데,
'여름회동'의 경우는 IPA 스러운 느낌은 다소 적다.

IBU부터 라거 수준의 수치를 보여주고 있는 것에서 알 수 있듯이, IPA 특유 홉의 쌉쌀한 맛은
확실히 적다. 반면에 IPA스러운 홉의 시트러스한 과일 향이 풍부해서 종합하자면 '쓴맛이 사
라진 IPA' 느낌이다. 거기에 바이젠스럽게 목넘김이 부드러워, '여름회동'이라는 이름처럼 음용
성이 아주 좋은 '여름식 밀맥주'로 느껴진다. (수제맥주이기에, 매년 도수가 조금씩 바뀐다.)

제55캔.

맥파이 브루어리(한국)

가을가득

Alc. 알콜	IBU. 쓴맛
5.5%	25

스타일.
라이 앰버(Rye Amber)

제품명:가을가득 식품유형:맥주 원료명:정제수,보리맥아,호밀맥아,효모,호프펠렛,산도조절제,영양강화제,이산화탄소

용량 : 500ml

바디감.
● ● ● ○ ○

탄산감.
● ● ○ ○ ○

맛과 향.

Sweet	**Bitter**	Floral	Fruity	**Nutty**
달큰한	**쌉쌀한**	향긋한	상큼한	**고소한**

맥주관적인 기록.

씁쓸함이 차분하게 침잠하는 계절. 맥파이 브루어리의 가을가득은 그 계절을 참 많이 닮아있다. 경쾌하게 울려 퍼지는 여름 같은 탄산보다는 가을에 떨어지는 낙엽처럼, 차분하게 토닥여주는 탄산이 느껴진다. 보리를 적당히 볶아 만든 앰버 라거 특유의 씁쓸함과 호밀의 알싸함은 가을의 분위기를 상징한다. '호밀'이 첨가되는 게 생소할 수 있어 설명을 덧붙이자면, 맥주와 같이 보리로 만들어지는 또 다른 술인 위스키에서도 호밀이 들어간 '라이 위스키'가 일반 위스키보다 알싸한 맛을 풍긴다. 마찬가지로 맥주에서도 보리 맥아 대신 호밀 맥아가 첨가될 경우 스파이시하고 알싸한 풍미를 느낄 수 있다. 물론 '가을가득'의 경우, 정도가 과하지 않기 때문에 모두가 이 가을의 정취를 마음껏 즐길 수 있다.

제56캔.

맥파이 브루어리(한국)

겨울방학

Alc. 알콜 **7.0%**

IBU. 쓴맛 **20**

스타일. 오트밀 스타우트(Oatmeal Stout)

제품명:겨울방학 식품유형:맥주 원료명:정제수,보리맥아,귀리플레이크,볶은보리,효모,호프펠렛,산도조절제,영양강화제,이산화탄소

♻ 일미늄

용량 : 500ml

바디감.

● ● ● ● ○

탄산감.

● ● ○ ○ ○

맛과 향.

Sweet	Bitter	Floral	Fruity	Nutty
달큰한	쌉쌀한	향긋한	상큼한	고소한

맥주관적인 기록.

캔맥주의자라면, 잠들기 전 마시는 '나이트캡'으로 추천하고 싶은 맥주. 귀리 플레이크가 주는 포슬포슬한 마우스필은 눈이 소복히 온 겨울의 거리를 상상하게 하고, 마치 카카오 초콜릿 같은 고소하면서도 쓴 맛이 겨울의 검은 밤에 잘 어울린다. 스타우트 답게 단 맛이 튀지 않다. 그렇다고 쓴맛의 정도도 아주 강하지 않아서 스타우트라고 해서 너무 쓰지 않을까 걱정하지 않아도 될 것 같다. 잠이 달아날 정도는 절대 아니니까.

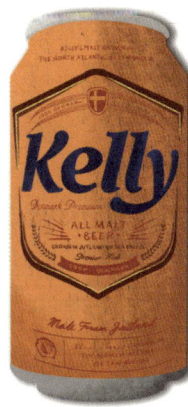

제57캔.

하이트진로(한국)
켈리

Alc. 알콜　**IBU.** 쓴맛

4.5% （미공개）

스타일.　　　　　페일 라거(Pale Lager)

제품명:켈리 식품유형:맥주　원료명:정제수,맥아(덴마크100%),호프펠렛,호프즙,산도조절제 2종,변성호프추출물,효소제,영양강화제,이산화탄소

용량 : 500ml

바디감.　　　　　　　　**탄산감.**

● ● ○ ○ ○　　　● ● ● ● ○

맛과 향.

| **Sweet** 달큰한 | Bitter 쌉쌀한 | Floral 향긋한 | Fruity 상큼한 | **Nutty** 고소한 |

맥주관적인 기록.

한국 라거 특유의 강한 탄산보다는 부드러운 탄산감과 적당한 바디감을 가지고 있고, 올 몰트 비어 특유의 너티한 곡물향으로 언뜻 단종된 '맥스'와 비슷하지만, 맥스보다는 곡물 향이 덜해 더 깔끔한 느낌이다. 끝에는 옅긴 하지만 맥아의 단맛도 느껴진다.

어떤 역할과도 잘 어울리는 손석구 배우를 모델로 기용한 이유를 증명이라도 하듯, 어떤 안주와도 잘 어울릴 맥주!

제58캔.

오비맥주(한국)

한맥

KOREAN LAGER

HANMAC

Smooth Taste

Alc. 알콜	IBU. 쓴맛
4.6%	— (미공개)

스타일.

페일 라거(Pale Lager)

제품명:한맥　식품유형:맥주　원료명:정제수,맥아,전분,쌀,호프펠렛,호프추출물,변성호프추출물,산도조절제,효소제,영양강화2종

용량 : 500ml

바디감.

● ● ● ○ ○ ○

탄산감.

● ● ● ○ ○

맛과 향.

Sweet 달큰한	Bitter 쌉쌀한	Floral 향긋한	Fruity 상큼한	Nutty 고소한

맥주관적인 기록.

기존 한국의 페일 라거들과 아주 큰 차이는 없지만 탄산감과 곡물 향이 조금 더 적은 편, 그것이 부드러운 목 넘김으로 이어지고 끝맛에는 쌀로 인한 아주 약간의 달짝지근한 맛이 난다. '한국식 부가물 라거'라고 불리는 대기업 맥주의 불명예를 깨고, 캔 상단에 적힌 '코리안 라거'라는 새로운 장르를 개척하고자 하는 시도가 돋보이는 맥주.

제59캔.

세븐브로이(한국)

강서 마일드 에일

Alc. 알콜 **4.6%**

IBU. 쓴맛 **25**

스타일.

마일드 에일(Mild Ale)

제품명:강서 마일드 에일 식품유형:맥주 원료명:정제수,맥아,호프펠렛,효모,효소제

용량 : 500ml

바디감.

● ● ● ○ ○

탄산감.

● ● ○ ○ ○

맛과 향.

Sweet	Bitter	Floral	Fruity	Nutty
달큰한	쌉쌀한	향긋한	상큼한	고소한

맥주관적인 기록.

에일 입문으로 좋을 캔맥주. 홉의 향이 강하지 않아서 에일이 익숙하지 않은 소비자들이 거부감 없이 즐길 수 있을 만하다. 미국산 홉의 대표적인 특징인 과일 향이 느껴지는 에일로 아메리칸 페일 에일을 본뜬 맥주라고 할 수 있다.

맥주의 맛이나 원료의 원산지 등에 강서구와의 연관성은 없지만, 강서 마일드 에일을 만든 세븐 브로이의 시작이 강서구였던 만큼, 세븐브로이의 레거시를 담고 있는 맥주로, 대한민국 지역명 맥주의 시초이기도 하다.

제60캔.
어메이징브루잉컴퍼니(한국)
첫사랑IPA 6.5%

Alc. 알콜   **IBU.** 쓴맛

6.5%   40

스타일.   뉴잉글랜드 아이피에이(NE IPA)

제품명:첫사랑아이피에이   식품유형:맥주   원료명:정제수,이산화탄소,맥아,귀리플레이크,호프펠렛,효모

용량 : 500ml

바디감.

● ● ● ● ○

탄산감.

● ● ● ○ ○

맛과 향.

Sweet   **Bitter**   **Floral**   **Fruity**   Nutty
달콤한   쌉쌀한   향긋한   상큼한   고소한

맥주관적인 기록.

아아...! 이 기가 막힌 맥주의 이름! 달콤하고 향기로운 향에 나도 모르는 새 취해 사리 분별을 하지 못하고 끝내 쓴맛을 보게 되는, 누구나 한 번씩 겪은 그 첫사랑의 경험을 그대로 담아낸 첫사랑 IPA. 도수부터 6.5도인 이 위험한 맥주는 미국 홉 특유의 시트러스한 상큼함, 자몽 향으로 시작해 IPA 특유의 쌉싸름한 맛으로 피니시 된다.

도수가 꽤 높으니... '자니?' 따위의 실수를 조심하시길

제61캔.

플레이그라운드 브루어리(한국)

젠틀맨라거

Alc. 알콜	IBU. 쓴맛
7.6%	38

스타일.

필스너(Pilsner)

제품명:젠틀맨라거 식품유형:맥주 원료명:정제수,맥아,밀,홉,효모

용량 : 500ml

바디감.

● ● ● ○ ○

탄산감.

● ● ● ○ ○

맛과 향.

 Sweet 달큰한 Bitter 쌉쌀한 Floral 향긋한 Fruity 상큼한 Nutty 고소한

맥주관적인 기록.

맥주가 재밌는 점 중 하나는 나라의 기후적 특성, 문화적 배경, 사람들의 생활습관 등에 따라 맥주의 스타일이 다르게 발전하게 된다는 것이다. 인도에서는 목을 축일 수 있는 물 같은 맥주, 벨기에에서는 수도원 맥주, 덥고 습한 동남아에서는 탄산 가득한 페일라거, 크래프트 브루어리가 발달한 미국에서는 처음 시도되는 수제 맥주들이 발달한다. 그리고 여기 우리나라의 음주문화로 부터 기인한 젠틀맨 라거가 있다. 맥주는 싱겁고, 소주는 쓰다고 느끼는 이름하야 '소맥파'들을 위한 지극히 한국적인 라거. 도수가 무려 7.6%다. 필스너에 소주 한 두잔 정도 탄 듯한 도수로 소맥의 부드러운 질감이 느껴진다. 부드러움 속에 강인함을 갖춘 정말 젠틀맨스러운 라거.

제62캔.　　　　Alc. 알콜　IBU. 쓴맛

인천맥주 브루어리(한국)
개항로라거 4.5%　8.0

스타일.　　　　　　페일 라거(Pale Lager)

제품명:개항로라거　식품유형:맥주　원료명:정제수,보
리맥아,홉펠렛,효모,이산화탄소

용량 : 500ml

바디감.

● ● ○ ○ ○

탄산감.

● ● ● ● ○

맛과 향.

| **Sweet**
달큰한 | Bitter
쌉쌀한 | **Floral**
향긋한 | Fruity
상큼한 | **Nutty**
고소한 |

맥주관적인 기록.

그 맛이 아주 깔끔하다. 인천의 부둣가가 생각나는 시원함이 느껴지고 올몰트비어 특유의 구
수함이 기분 좋게 입안에서 퍼진다. 약간의 향긋함은 어떤 음식과 페어링을 해도 그 맛을 더해
줄 수 있을 것 같다. 캔 디자인이 예사롭지 않은데, 인천에서 무려 50년 넘게 목간판을 만들고
계신 전종원 장인이 쓴 글자체로 디자인되어 있다. 맛뿐만아니라 디자인에도 지역색을 담아낸
인천맥주의 남다른 감각이 돋보이는 캔맥주.

제63캔.   **Alc.** 알콜   **IBU.** 쓴맛

갈매기 브루잉(한국)

갈매기IPA 6.5%   50

스타일.   아이피에이(IPA)

제품명:갈매기IPA   식품유형:맥주   원료명:정제수,보리맥아,효모,호프펠렛,영양강화제,산도조절제,이산화탄소,산소

용량 : 500ml

바디감.   **탄산감.**

● ● ● ○ ○   ● ● ● ● ○

맛과 향.

Sweet   **Bitter**   **Floral**   **Fruity**   Nutty
달콘한   **쌉쌀한**   **향긋한**   **상큼한**   고소한

맥주관적인 기록.

갈매기 브루잉의 대표 캔맥주, 갈매기IPA는 오렌지, 자몽의 시트러스와 약간의 파인애플, 열대과일도 느껴진다. 피니시로 갈수록 솔향이 기분 좋게 풍기고 IPA다운 홉의 쌉싸름함으로 마무리된다. 국내 크래프트 브루어리의 캔맥주들 중 이렇게 미국 서부식 IPA를 디테일하게 구현해낸 곳이 있었나 싶을 정도로 보물 같은 IPA다. 미국 시카고에 IPA 명가, 거위가 있다면 부산에는 갈매기가 있으니, 캔맥주의자라면 부산에 방문할 때마다 꼭 몇 캔씩 쟁여와야만 하는 부산의 명물! 중독이 될 수 있으니 1캔만 가져와서는 후회할 것이다.

제64캔.

트레비어 브루어리(한국)

처용IPL

Alc. 알콜   **IBU.** 쓴맛

5.0%   15

스타일.   아이피엘(IPL)

제품명:처용IPL   식품유형:맥주   원료명:정제수,맥아,
액상효모,호프펠렛,젖산,이산화탄소

용량 : 500ml

바디감.

● ● ○ ○ ○

탄산감.

● ● ● ● ○

맛과 향.

Sweet	Bitter	Floral	Fruity	Nutty
달큰한	쌉쌀한	향긋한	상큼한	고소한

맥주관적인 기록.

'처용'이라는 그 이름에서부터 노골적으로 느껴지는 '울산'의 기운. 울산의 국내 1세대 크래프
트 브루어리 '트레비어' 에서 양조한 IPL 이다. IPL(Indian Pale Lager)의 기원 자체는 'IPA'의
장점과 '라거'의 장점을 동시에 잡기 위해서인데, 문제는 여기서 '라거'의 종류가 너무나도 다
양하다는 거다. 그래서 IPL은 양조장마다 차용하고자 하는 라거의 맛이 천차만별인데, '처용
IPL'은 우리나라에서 가장 익숙한, 쓰지 않고 깔끔한 피니시의 페일 라거의 특징을 가지고 있
다. 거기에 시트러스하면서도 은은한 풀의 향이 나는 미국식 IPA스러운 홉의 향이 적당히 함유
되어 있어, 맥주를 잘 모르는 사람들도 흥미롭게 즐길 수 있는 맛을 구현해냈다.

제65캔. **Alc.** 알콜 **IBU.** 쓴맛

크래프트 루트(한국)

속초IPA 6.3% 30

스타일. 아이피에이(IPA)

제품명:속초IPA 식품유형:맥주 원료명:정제수,맥아,
홉,효모

용량 : 500ml

바디감. **탄산감.**

● ● ● ○ ○ ● ● ● ○ ○

맛과 향.

    Nutty

Sweet Bitter Floral Fruity 고소한
달큰한 쌉쌀한 향긋한 상큼한

맥주관적인 기록.

강원도 속초의 명물은 닭강정 아니고, 아바이 순대 아니고, 캔맥주다.

강원도에 놀러 갈 때마다 중앙 시장은 연일 북새통을 이룬다. 그리고 그 중심엔 닭강정이 있다.

관광객들의 손에는 모두 큼지막한 닭강정 박스가 손에 들려있는데, 그럴 때마다 사람들을 붙

잡고 한 명 한 명 말하고 싶다. 속초 IPA도 그 박스 위에 얹어가시라고.

캔맥주의자에게 강원도의 명물은 루트 브루어리의 강원도 랜드마크 캔맥주 시리즈다. 그중에

서도 속초 IPA는 IPA 특유의 시트러스함과 열대과일의 단 맛이 느껴지고 IBU는 30으로 적당

히 쌉쌀해, 청량하면서도 거친 파도가 공존하는 동해가 생각나기도 한다.

제66캔.

기린맥주양조장(일본)

기린이치방 5.0%

Alc. 알콜	**IBU.** 쓴맛
5.0%	─ (미공개)

스타일.　　　　페일 라거(Pale Lager)

제품명:기린 이치방　식품유형:맥주　원료명:정제수,맥
아,효모,호프

용량 : 500ml

바디감.

● ● ○ ○ ○

탄산감.

● ● ● ◐ ○

맛과 향.

Sweet	**Bitter**	Floral	Fruity	**Nutty**
달큰한	**쌉쌀한**	향긋한	상큼한	**고소한**

맥주관적인 기록.

'기린 이치방 시보리'는 이름처럼 보리의 첫(이치방) 즙만 짜낸(시보리) 맥주로 깔끔하고 깨끗
한 이미지를 가진 일본 맥주다. 개인적으로 '오늘을 기린다'라는 광고 카피가 인상적이었던 캔
맥주인데, 평범한 일상을 기린 이치방으로 사랑스럽게 마무리한다는 내용으로 취향을 저격한
광고였다. 오늘 어떤 일이 있든 깔끔하게 씻어내고, 오늘을 기리고 싶을 때 생각나는 맥주. 기린
이치방의 캔에 그려진 동물이 '행운'의 상징인 전설적 동물, '기린'이라는 점도, '오늘을 기린다'
라는 카피와 참 적절하게 어울린다. 처음은 깨끗하고, 상쾌한 느낌을 가진 곡물의 고소함이, 끝
에는 홉의 쌉쌀함이 부드럽게 밀려온다.

제67캔.   **Alc.** 알콜   **IBU.** 쓴맛

아사히 브루어리(일본)

아사히 슈퍼드라이 생맥주캔

5.0%   **–**
(미공개)

스타일.   페일 라거(Pale Lager)

제품명:아사히 슈퍼드라이 생맥주캔   식품유형:맥주
원료명:정제수,맥아,옥수수전분,호프,옥수수,쌀

용량 : 340ml

바디감.

● ◑ ○ ○ ○

탄산감.

● ● ● ○ ○

맛과 향.

Sweet | Bitter | Floral | Fruity | **Nutty**
달큰한 | 쌉쌀한 | 향긋한 | 상큼한 | **고소한**

맥주관적인 기록.

일본 대표 맥주 중 하나인, 1987년 출시된 아사히 슈퍼 드라이를 비교적 최근인 2021년 생맥주 캔의 형태로 일본에서 출시했다. 국내에는 23년 5월 첫 수입되며 엄. 청. 난. 인기를 끌었다. (이 책의 저자들도 당시에 구하기 어려워서 포기할 뻔했으나 원고 마감 전 기적적으로 2캔을 구할 수 있었다.) 인기 요인 중 하나는 캔을 따는 방식! 보통의 캔맥주와 달리 이 아사히 슈퍼드라이 생맥주 캔은 캔 윗부분 전체가 개봉된다. 마치 참치 통조림처럼! 동그랗게 뚫린 윗면으로 봉긋한 거품이 솟아올라 크림 생맥주의 느낌을 캔맥주로 구현해낸다. 크리미한 거품이 목넘김을 더욱 부드럽게 해 생맥주의 느낌을 어느정도 가지고 있다. 가정에서 생맥주의 맛을 그대로 전하기 위해 개발된 이 생맥주 캔은 세상에 나오기까지 무려 4년의 시간이 걸렸다고 한다.

제68캔.

아사히 브루어리(일본)

아사히 쇼쿠사이

Alc. 알콜	IBU. 쓴맛
5.5%	— (미공개)

스타일.

페일 라거(Pale Lager)

제품명:아사히 쇼쿠사이　식품유형:맥주　원료명:정제수, 맥아, 호프, 옥수수전분, 옥수수, 쌀

용량 : 340ml

바디감.

● ● ○ ○ ○

탄산감.

● ● ● ○ ○

맛과 향.

Sweet 달큰한	Bitter 쌉쌀한	Floral 향긋한	Fruity 상큼한	Nutty 고소한

맥주관적인 기록.

아사히 생맥주캔 기술이 적용된 두 번째 캔맥주다. '쇼쿠사이(食彩)'는 음식 식(食)에 채색할 채(彩)를 일본어 발음으로 표기한 것인데, 말 그대로 음식에 색채를 입힌다는 뜻이다. 식사를 할 때 그 풍미를 돋구어 준다는 뜻으로 해석할 수 있다. 가볍게 즐길 수 있는 기본 아사히 생맥주캔과 다르게, 아라미스 홉*을 사용하는 것을 차별점으로 들고 있고 캔 하단에는 '화려한 향기의 향연'이라는 문구가 눈길을 사로잡는다. 하지만 워낙 강하고 특색 있는 홉의 풍미를 가진 캔맥주가 많다 보니 막상 맛을 보면 이 문구는 조금 와닿지 않을 수 있다. 다만 쇼쿠사이라는 뜻처럼, 음식과 페어링해서 즐길 때 홉의 플로럴하고 시트러스한 향이 방해되지 않는 수준에서 옅게 느껴지는 건 장점이라고 할 만하다.

*프랑스산 홉으로 시트러스와 허브향이 조화롭게 느껴지며 IPA 등 신선한 홉 향을 강조한 맥주를 양조할 때 쓰이는 홉

제69캔.   **Alc.** 알콜   **IBU.** 쓴맛

칭따오 브루어리(중국)

칭따오   **4.7%**   **25**

스타일.   페일 라거(Pale Lager)

제품명:칭따오 식품유형:맥주 원료명:정제수,보리맥아,쌀,홉

용량 : 500ml

바디감.

● ◐ ○ ○ ○

탄산감.

● ● ● ● ○

맛과 향.

Sweet	Bitter	Floral	Fruity	**Nutty**
달큰한	쌉쌀한	향긋한	상큼한	**고소한**

맥주관적인 기록.

더울 때나, 자극적인 음식을 먹은 후 입안이 텁텁할 때, 벌컥벌컥 마실 수 있는 맥주 한 캔이 간절해지는데, 그럴 때 가장 먼저 생각나는 맥주가 바로 칭따오다!

칭따오는 페일 라거 타입의 맥주로 홉이나 맥아의 향이 풍부하진 않다. 대신 청량한 탄산감을 자랑한다. 목 넘김이 아주 좋아 특히 우리나라 사람들의 입맛에 잘 맞는 맥주다. 깔끔한 맥주인 만큼 양꼬치뿐 아니라 튀김류나 마른안주 등 다른 음식과도 대체로 궁합이 좋고, 칭따오 현지에서는 바지락을 가장 추천한다고 하니 요리하기 쉬운 바지락 술찜과 곁들여서 항구도시 칭따오에 온 느낌을 만끽해 보시길!

제70캔.

타이 비버리지(태국)

창

Alc. 알콜	IBU. 쓴맛
5.0%	12

스타일.

페일 라거(Pale Lager)

제품명:창 맥주 식품유형:맥주 원료명:정제수,맥아, 쌀,호프

용량 : 500ml

바디감.

● ◑ ○ ○ ○

탄산감.

● ● ● ○ ○

맛과 향.

Sweet	Bitter	**Floral**	Fruity	**Nutty**
달큰한	쌉쌀한	**향긋한**	상큼한	**고소한**

맥주관적인 기록.

태국의 3대 맥주 중 하나인 창. '창'은 태국어로 코끼리를 의미한다.

더운 지방의 맥주답게 가볍고 청량하다. 창만의 매력이 있다면 바로 향!

청량한 페일라거임에도 은은한 풀 향기가 감돈다. 벌컥벌컥 마시는 라거에 약간의 풀 향기가 함께하니 청량감이 극대화되는 듯하다. 마치 물에 버드나무 잎 하나 띄운 듯이.

제71캔.

Boon Rawd Brewery(태국)

싱하

Alc. 알콜	IBU. 쓴맛
5.0%	20

스타일.

페일 라거(Pale Lager)

제품명:싱하 식품유형:맥주 원료명:정제수,맥아,액상
과당,호프

용량 : 500ml

바디감.

● ◐ ○ ○ ○

탄산감.

● ● ● ◐ ○

맛과 향.

Sweet	Bitter	Floral	Fruity	Nutty
달큰한	쌉쌀한	향긋한	상큼한	고소한

맥주관적인 기록.

싱하 맥주는 필스너만큼은 아니지만 쌉쌀한 맛이 주를 이루며, 더운 지방인 태국의 맥주답게
적당한 탄산의 깔끔한 라거라 할 수 있다. '창'과 함께 태국을 대표하는 맥주 '싱하', '창'이 코
끼리를 의미했다면 '싱하'는 사자의 형상을 한 전설의 동물을 의미한다. 캔의 디자인에는 가운
데 싱하의 그림 위로 힌두교의 또 다른 전설적인 동물 '가루다'가 위치해 있는데, 가루다는 태국
왕실의 상징이기도 하다. 1939년 왕실로부터 유일하게 사용을 허가받아 지금까지 이어오고
있어, 태국의 왕실 맥주로 불린다. 아시아의 맥주들은 유독 캔에 그려진 신화적 동물들을 살펴
보는 재미도 쏠쏠하다.

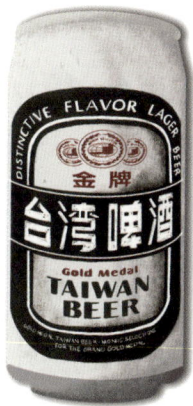

제72캔. _____ **Alc.** 알콜 **IBU.** 쓴맛

대만담배주류공사(대만)

비어골드메달 5.0% −
(미공개)

스타일. 페일 라거(Pale Lager)

제품명:대만 비어 골드메달 식품유형:맥주 원료명:정
제수,맥아,쌀,호프

용량 : 500ml

바디감.

● ◑ ○ ○ ○

탄산감.

● ● ● ○ ○

맛과 향.

Sweet	Bitter	Floral	Fruity	Nutty
달큰한	쌉쌀한	향긋한	상큼한	고소한

맥주관적인 기록.

심플하면서 레트로한 디자인에 보통의 캔맥주보다 목 부분이 짧은 것까지 옛날 캔맥주를 보는
느낌! 대만의 대표적인 맥주로 아주 가벼운 바디감을 가지고 있다. 안주 먼저 한입하고 이 맥주
를 마신다면 과장을 조금 보태 '음...? 탄산수.인가..?' 싶을 정도로 아주아주 가볍다! 탄산감
도 적당해 덥고, 습한 날 마시기에 최적화된 맥주! 청량감이 가실 때쯤, 코끝에 살짝 스치는 곡
물의 구수함을 느낄 수 있다.

어떤 안주와도 어울릴 스타일로, 더운 여름의 대만 야시장에서 꼭 함께하고 싶은 맥주다.

제73캔.

Asia Pacific Brewery(싱가포르)

타이거

	Alc. 알콜	IBU. 쓴맛
	5.0%	**18**

스타일.　　　　　　페일 라거(Pale Lager)

제품명:타이거　식품유형:맥주　원료명:정제수,보리맥아,설탕, 호프추출물

용량 : 500ml

바디감.

● ◑ ○ ○ ○

탄산감.

● ● ● ◑ ○

맛과 향.

Sweet	Bitter	Floral	Fruity	**Nutty**
달콤한	쌉쌀한	향긋한	상큼한	**고소한**

맥주관적인 기록.

싱가포르 맥주, 타이거의 맛은 이 맥주의 가장 특이한 점인 '설탕'이 들어가는 이유에 대한 맥주 양조 깨알 상식으로 대신 설명할 수 있다. 발효 과정에서 보리의 당분이 알콜로 전환되는데, 싱 가포르는 보리가 자라기에 좋지 않은 지역이다. 그래서 알콜 도수를 끌어 올리는 데 필요한 보리 의 당분 대신 '설탕'을 넣는다.

그런데 역설적으로 설탕이 들어간 맥주는 오히려 더 달지 않다. 당분을 남기는 보리에 비해 설탕은 100% 가깝게 알콜로 전환되어 당분을 남기지 않기 때문이다. 그래서 타이거는 보리의 풍미와 단맛이 적어 맛이 깔끔해, 더운 나라 싱가포르에서 갈증을 해소하기에 최적화된 맥주라고 할 수 있다.

제74캔.

APU 컴퍼니(몽골)
골든고비

Alc. 알콜

5.1%

IBU. 쓴맛

–
(미공개)

스타일.　　　　　페일 라거(Pale Lager)

제품명:골든고비라거　식품유형:맥주　원료명:정제수,
맥아,효모,호프추출물,호프

용량 : 500ml

바디감.

● ○ ○ ○ ○

탄산감.

● ○ ○ ○ ○

맛과 향.

Sweet	Bitter	Floral	Fruity	Nutty
달큰한	쌉쌀한	향긋한	상큼한	고소한

맥주관적인 기록.

국내에서 경험할 수 있는 유일한 몽골 맥주인 골든 고비. 몽골의 대표적인 사막인 고비사막의
이름을 따 만든 이 맥주는 외관에서부터 이국적인 분위기가 느껴진다. 사막 한가운데 내리쬐는
햇빛 같이 강렬한 금색 캔 위로 낙타 그림과 몽골의 고전 문자인 '몽골비칙'이 붉은색으로 새겨
져 있다. 신비함마저 느껴지는 골든고비의 첫인상과 다르게 그 맛은 굉장히 순~하다. 무취, 무
향에 가까울 정도여서 맥주를 마시고 있는 게 맞는지 헷갈릴 수준. 다른 의미로 굉장히 충격적
인 맛의 맥주… 굳이 특징을 꼽자면 약간의 산미가 느껴진다는 것.
탄산이 거의 없어 사막에서 물 마시듯이 벌컥 벌컥 마시기 좋지만, 우리나라엔 사막이 없다.

04

캔맥주 페어링

캔맥주 4캔 페어링

우리는 편의점 냉장고 문 앞에만 서면 시험에 들곤 한다. 이름하여 4캔 지옥. 좋든 싫든 어쨌든 4캔을 골라야 한다. 손해 보는 기분이 들긴 싫으니까. 뭐, 두 번째 캔까지는 비교적 쉽다. 첫 캔은 가장 애정 하는 맥주를 집어 들고, 두 번째 캔은 궁금했던 맥주를 고른다. 세 번째부터는 슬슬 난이도가 올라가는데, 맥주에 대해 일가견이 있을수록, 오히려 고르기 어려워지는 아이러니가 발생한다.

기껏해야 캔맥주 4개를 고르는 것뿐인데, 이 단순한 행위에 고려해야 할 것이 너무나도 많다. 이런 여러분들의 고민을 조금이라도 덜어주고자 상황과 기분, 취향에 따른 4캔 페어링과 그에 어울릴 만한 편의점 안주 페어링을 준비했다.

01
방구석 여행지
4캔 조합

캔맥주의자라면 공감할 한 가지, 여행을 떠난다면 그 지역을 대표하는 맥주부터 알아본다는 것. 여행은 가지 못해도, 방구석에서 여행하는 느낌을 받고 싶을 때 추천하는 캔맥 조합.

+ 편의점 안주 추천

부산 라거   빅웨이브   알함브라 라거   쇼쿠사이

떠먹는 치즈듬뿍 **맥&피자**

GS25, 세븐일레븐, 미니스톱, 이마트24

밀맥주의 맛을 알아버린 밀.덕에게 제안하는, 비슷한 듯 서로 다른 밀맥주들의 풍미를 비교하며 마시는 맛이 꽤 쏠쏠하다. 지친 하루의 끝, 포근한 힐링이 필요할 때 추천하는 캔맥 조합.

02
밀.덕을 위한
4캔 조합

+ 편의점 안주 추천

에델바이스   에딩거   블루문   파울라너

편의점 컵과일& 바프 와사비 아몬드

GS25, CU, 세븐일레븐, 미니스톱, 이마트24

03

속이 뻥 뚫리는
탄산 4캔 조합

깔끔한 맛과 속이 뻥 뚫리는 시원한
탄산이 가득한 캔맥주는 하루의 애환을
다독여 주기 충분하다. 이리저리 치여
만신창이가 된 몸과 마음을
다시금 깨끗하게 씻겨줄 캔맥 조합.

| 카스 | 버드와이저 | 브루클린 필스너 | 테라 | + 편의점 안주 추천
황치즈 러스크&
정새우

CU |

맥주에는 다양한 '맛'이 공존하는데, 대표
되는 맛이 바로 홉. 그 쌉쌀하면서도 향긋
한 맛을 알게 되는 순간, 맥주에 속절없이
빠져든다. 쌉쌀함에 퐁당 빠지고 싶을 때
추천하는 캔맥 조합.

04

쌉싸름의 매력
4캔 조합

| 구스아일랜드
IPA | 볼파스엔젤맨
호피라거 | 필스너 우르켈 | 첫사랑IPA | + 편의점 안주 추천
톡핑(초코렛)&
립파이 초코

GS25, CU, 세븐일레븐,
미니스톱, 이마트24 |

05

사계절의 맛
4캔 조합

사계절을 살아가는 우린 한 계절이 문득 그리워질 때가 있다. 그 속에 담긴 추억이, 그 계절의 온도가, 그 외 여러 연유로 계절을 그려보곤 한다. 계절의 단편이 그리울 때 추천하는 캔맥 조합.

봄마실　　여름회동　　코젤다크　　기네스

편의점 안주 추천

투게더 &
김부각 과자

GS25, CU, 세븐일레븐,
미니스톱, 이마트24

'맥주는 배만 불리는 술'이라는 오명을 벗겨줄 라인업. 맛은 그대로 즐기면서 조금은 취하고 싶은, 그런 적당한 취기가 필요한 날 추천하는 캔맥 조합.

06

취하고 싶은 날
4캔 조합

데스페라도스　　젠틀맨 라거　　스팀브루
임페리얼 스타우트　　레페브라운

편의점 안주 추천

초콜릿 푸딩&
안주야 먹태 열풍

GS25, 세븐일레븐,
미니스톱, 이마트24

07

청량 & 깔끔
4캔 조합

녹음이 짙어지고, 매미가 울기 시작하면 어김없이 찾아오는 열대야. 눅진한 열기가 온몸을 휘감으면 시원한 맥주 한 잔이 간절해진다. 끈질긴 열대야로부터 구원해 줄 더운 나라에서 만든 청량한 캔맥 조합.

+ 편의점 안주 추천
건망고&
오지니 더리얼치즈

비어골든메달　　　창　　　타이거　　　페로니　　　이마트24

인간은 적응의 동물이라 하였던가. 어느 순간 같은 캔맥주만 고르고 또 고르는 내 모습을 발견하곤 한다. 변화를 주고 싶은 날, 익숙한 맥주는 지겨운 날 추천하는 캔맥 조합.

08

색다른 맥주
4캔 조합

+ 편의점 안주 추천
뭉계뭉계란&
스노우킹크랩&
참크래커

골든고비　　　홉스플래쉬
IPA　　　파울라너 둔켈　　　스팀브루
저먼레드　　　GS25

09

혼맥을 위한
4 캔 조합

캔맥주가 가장 맛있는 시간은 어쩌면 하루 일과가 끝난 후 편안한 옷으로 갈아입고 수더분하게 마시는 나만의 혼맥 타임이 아닐까. 스트레스를 털어버릴 매운 음식과 혼맥 하기 딱 좋은 캔맥 조합.

개항로 라거 | 1664 블랑 | 갈매기 IPA | 제주 위트 에일 | **+** 편의점 안주 추천

로제불닭 떡볶이&
소시지바

GS25, 세븐일레븐,
미니스톱, 이마트24

도시에 살다 보면 별을 보기란 정말 '하늘의 별 따기'처럼 느껴지곤 한다. 그럼에도 별이 특별한 건 잊고 있던 꿈을 다시금 상기시켜 준다는 것이다. 별이 무수한 밤에 함께하기 좋은 캔맥 조합.

10

밤 하늘의 별과
함께 4 캔 조합

에스트렐라 담 | 스텔라 | 하이네켄 | 삿포로 | **+** 편의점 안주 추천

젤리&
하늘의 별딸기
(별모양 과자)

GS25, CU, 세븐일레븐,
미니스톱, 이마트24

캔맥주책

캔맥주의자들의 주책스런 캔맥기록

1판 1쇄	2023년 6월 14일
2판 1쇄	2024년 7월 7일
2판 2쇄	2025년 5월 26일
펴낸 곳	알코올 플레져
총괄	송영웅
글	송영웅, 박수진
디자인	박수진, 송영웅
그림	박수진
편집	송영웅, 박수진

Special Thanks to.

작은 출판사의 요청임에도 인터뷰 요청에 흔쾌히 응해주시고 성심껏 답변해주신 플레이 그라운드 브루어리의 천순봉 대표님, 조수민 담당자님, 그리고 갈매기 브루잉의 스티븐 올솝 대표님과 이준서 과장님께 진심으로 깊은 감사를 전합니다.